财务自由新思维

索罗斯的投资哲学

苑举正——著

浙江人民出版社

图书在版编目（CIP）数据

财务自由新思维：索罗斯的投资哲学 / 苑举正著. -- 杭州：浙江人民出版社，2020.6
ISBN 978-7-213-09735-5

Ⅰ. ①财… Ⅱ. ①苑… Ⅲ. ①索罗斯 (Soros, George 1930-) —投资—经验 Ⅳ. ① F837.124.8

中国版本图书馆 CIP 数据核字（2020）第 084680 号

浙江省版权局
著作权合同登记章
图字：11-2020-080 号

财务自由新思维：索罗斯的投资哲学

苑举正　著

出版发行：浙江人民出版社（杭州市体育场路 347 号　邮编：310006）
市场部电话：（0571）85061682　85176516
责任编辑：傅　越　何英娇
营销编辑：陈雯怡　陈芊如
责任校对：杨　帆
责任印务：聂绪东
封面设计：元明设计
电脑制版：九章文化
印　　刷：北京毅峰迅捷印刷有限公司
开　　本：710 毫米 ×1000 毫米　1/16　　印　　张：12
字　　数：115 千字　　插　　页：1
版　　次：2020 年 6 月第 1 版　　印　　次：2020 年 6 月第 1 次印刷
书　　号：ISBN 978-7-213-09735-5
定　　价：58.00 元

推荐序

哲学送给金融投资者的三个礼物

身为一个基金管理者，我为什么会学哲学？当初有两个理由。

第一个理由，是为了看懂索罗斯的名著《金融炼金术》（*The Alchemy of Finance*）。它是有志的金融交易者大多会拜读的一本书，大家祈求读完之后可以在金融市场上“炼金”有成。斯坦利·朱肯米勒（Stanley Druckenmiller）正是看了这本书后，向索罗斯毛遂自荐，成为他的得意门生和最佳搭档，这才有了他们一起并肩作战、“击败”英国央行的传奇故事。只可惜，《金融炼金术》晦涩难懂，大部分人难得其门而入。其实原因很简单，索罗斯在书中用了大量哲学术语说明与金融市场相关的知识。因此，学哲学即是读懂《金融炼金术》的捷径。

第二个理由，是我非常赞赏古罗马帝国皇帝的领导风范，而很多古罗马帝国皇帝都是在哲学的熏陶下长大的。其中最有名的是“五贤君”中的马可·奥勒留（Marcus Aurelius），即我们在电影《神鬼战士》（*Gladiator*）中看到的那个老皇帝。他给我印象最深的一句话是有一次教训廷臣时，他说：“过了今生今世，人就再也得不到什么来生来世。眼前的人生，对谁都无二致。我们浪费的或得到的，恰恰都是正在飞逝的光阴。”

为了在金融市场中获利，也为了成为一个优秀的领导者，我认为学哲学是必经之路。多方打听，我得知苑举正老师在欧洲最古老的鲁汶大学获得博士学位，精通英语、法语，并对索罗斯的老师卡尔·波普的哲学有深刻研究，可以算是索罗斯的“师弟”，而苑老师正好在讲授哲学。如此大好机会，我当然不会错过。于是我和伙伴们一起在苑老师的课堂上学了几年哲学。

学哲学，不只让我读懂了索罗斯的《金融炼金术》，还带给我三个丰硕的礼物，它们分别是：在金融市场中的巨大获利、良好的精神状态，以及稳健的企业经营策略。

哲学带给我的第一个礼物——在金融市场中的巨大获利，让我实现了财富自由，当然也让我获得了免于各种恐惧的自由。因为自由不是为所欲为，而是有权利对许多事情说“不”。回想当初我们几个合伙人闯荡大陆地区的金融市场时遇到的几个关键点，摆在我们面前的只有两个选择，一个是“求胜”，一个是“求存”。尽管利字当头，但我们选择的依然都是“求存”。

令人印象深刻的一个故事是，有一次我们参加了一场期货大赛，主办单位是位居大陆地区前几名的期货商。吸引人的不是比赛奖金（虽然当初10万元人民币的奖金对我们来说是很大的金额），而是获得第一名的人可以成为3000万元人民币规模的基金经理人，那是我们一直期待的“交易者的最高殿堂”。

比赛过程非常激烈，我们的名次在第一至第十间徘徊。我永远忘不了决赛前一天晚上的情景，当时我们的名次排在第二，摆在我们面前的有两个选项：一个是赌一把，拼到第一名，得到成为基金经理人的机会；另一个是按兵不动，坚守我们的交易原则。很开心最后我们的团队拥有一致的决定——坚守原有的交易策略。我们都知道，索罗斯在 1987 年的股灾中选择了止损，尽管卖在美股的最低点，让他损失惨重。在事后记者的访问中，索罗斯说，如果再让他选择一次，他仍然会选择止损，因为，“活着”比什么都重要。这是索罗斯投资的核心思想，而他也将这个原则坚守了数十年。

比赛的结果是，原本的第三名因重押巨亏，消失在前十名的榜单中；原本的第一名也扩大了杠杆，但最后一天的行情盘整极为难做。所以，最后一天几乎所有人都亏损，只是看谁亏得少，我们的杠杆最小，也亏得最少，因而成了第一名。

另一次令人难忘的经历是在 2014 年，大陆地区的股市开始暴涨，一年的时间，沪深 300 指数从最低的 2100 点左右，上涨至 5380 点，涨幅超过 150%。当时，愈接近“风暴”核心的人，愈难察觉泡沫就快破裂了，投资人不断地催促我们“多买一点呀”“为什么你们不多买一点呀”。还有投资人跟我们说，他们自己交易的报酬率都比我们的高。在最后的疯狂涨势中，股市的涨幅远超我们的绩效。但在股市暴涨的最后一个月，我们依然坚持减仓，投资人对此很不理解，给了我们许多压力。

我们很开心坚守了自己的交易原则。因为“疯牛”仅仅持续了一年，便发生了股灾[①]。

股灾初期的短短三个月内，沪深300指数从最高5380点，暴跌45%到2952点。然而，下跌45%可不只是45%，因为民间市场流行配资，1元钱可以借到5—10元钱（尽管一年要加18%的利息）。多头的暴跌必然是因为多杀多，一个人因为亏损被强制平仓，而这个人被强制平仓引发另一个人被强制平仓，于是产生了雪崩效应。

许多人血本无归，在报纸上经常看到有人跳楼的消息，传言有些金融大楼的玻璃甚至因此改成更耐撞的防弹玻璃。网络段子手说，没事不要上天台，天台上都挤满了人。段子手还说，赔1000万元的再上天台，赔10万元的撞电线杆就行。

---

① 大陆地区的股市于2015年6月15日拉开股灾的序幕。创业板指暴跌5.22%，而沪指（上证指数）当日跌幅2%，很多人还浑然无觉；6月19日，两市跳空低开，随后震荡下行，收盘时沪指暴跌6.42%，深证成指跌6.03%，创业板指跌5.41%，当周沪指累计跌幅达13.32%。沪深两市出现千股跌停，全部2780只股票中有1088只跌停。

7月3日，沪指收盘再度暴跌5.77%，当周沪指跌12.07%，累计3周跌幅达28.6%，创下1992年以来最大跌幅，两市超过1300只个股跌停；7月8日，沪指大幅低开，创业板指和深证成指更是以一字跌停开盘。当天收盘上证指数大跌5.9%，险守3500点。沪深两市合计共有1346只A股停牌，占总数2808只将近一半。

8月24日，沪深两市全部低开低走，收盘时沪指跌幅达到8.49%，收3209.91点，跌掉2015年牛市以来的全部涨幅，盘中跌幅超过9%，深证成指则下跌7.83%。大陆地区股灾更引发全球股灾，当天全球股市全面下跌，日经平均指数下跌4.61%，俄罗斯RTS指数下跌4.18%，香港恒生指数下跌5.17%，美国纳斯达克综合指数下跌3.82%，纽交所指数下跌3.21%，英国FTSE100指数下跌4.67%，印度孟买指数下跌5.94%，巴西IBOVESPA指数下跌2.79%。

在那段恐慌时期，有超过5000只私募基金击穿止损线，从而结束清盘，很多基金亏损甚至达到了70%—90%，而我们的20多只基金没有任何一只因为击穿止损线而清盘。在这次股灾中，我们的平均亏损率只有5%—6%。很庆幸，我们还是坚守了自己的原则——宁走十步遥，不行一步险。我们再次选择了“求存”，而不是“求胜”。

回想当初我们几个合伙人只凑了100多万元新台币闯荡大陆地区的金融市场，经过数年，我们成功管理了超过100亿元新台币的资金，也拿到了大陆地区私募基金的牌照。若没以这样的“求存”哲学，或许今天我也没有机会跟大家分享这些想法，我们也不可能实现财富自由。但“求存”这个理念亦如苑老师所说：“生存哲学，是没有书籍、只有生活的哲学。”这是经验的哲学，必须要身历其境，细细体会索罗斯少年时期逃离纳粹追杀的经历，并对照自己面对困境的经验，或许才能体会吧。

哲学带给我的第二个礼物，是良好的精神状态，即精神的自由，使我不必受到传统宗教的束缚，以为死读经典才能得到上天的眷顾。我还记得在上苑老师的第一堂课时他说的一段话：“一个人要活得如何，全看他怎么形容。”语言的“指涉”力量，令人赞叹。（若要理解此原理，推荐参阅苑举正老师的另一本书——台湾地区名为《求真》，大陆地区名为《哲学六讲》，这是市面上最完整、最容易理解的一本解读古希腊哲学的书。）

在研读哲学和历史的过程中，我了解到人类近代文明发源的相关知识。14—16世纪发源自意大利佛罗伦萨的“文艺复兴”，拉丁原文是Rinascimento，原义是“重生”。重生什么呢？重生“古希腊哲学”，并加入实用的精神，例如后来出现的“试误法”，以及实验组、对照组的科学方法，使得人类终于摆脱了宗教的思想禁锢。（但人类也创造了许多看似绝对正确的理论，而忘了当初质疑宗教的科学方法，这呼应了索罗斯所说的“永远要接受错误的可能性”。）

至于哲学带给我的第三个礼物，就是它给了我稳健的企业经营策略，使我们有机会创造一个“实拿久稳”的企业。在这个基础上，才有可能达到我们的目标——建立能够传承的家族百年基金。因为任何一家企业，都需要有自己的一套成熟的思想体系，而企业最大的危机来自内部的思想体系冲突。

关于本书中一直不断提到的“错误”，索罗斯给金融界最大的启发是：正面肯定错误的价值。伟大的企业必然不会处罚犯错的人，因为只有行动才会带来错误，否定错误就是否定行动。如同我们之前提到的古罗马帝国，其最重要的原则是“不处罚败将”（这必然也是哲学思考的结果），但比照同时期的东方君主国，其败将要面临的竟是砍头和抄家灭族，因为政治至上。同理，一个人最值得彰显的应该是他的苦难经历，因为在苦难经历中最容易遇到错误，有了错误才会有进步的空间，因此，每个人都应该为自己的苦难经历感到自豪。

在金融界中运用“错误”的一个成功例子，是对冲基金——桥水基金（Bridgewater），截至 2019 年 8 月，其管理的资金规模达 1600 亿美元。桥水公司在业界极为著名的内部员工手册《行为原则》达上百页，相当于一本书的厚度，其中详细罗列了桥水公司的管理思想，以及具体行事准则，作者为该公司创始人瑞·达利欧（Ray Dalio），他的管理思想包括以下几点：

第一，从事自己想做的事，而不是别人要你做的事。

第二，提出自己能想到的最好的独立意见（方法）并努力追求自己想要的结果。

第三，用自己能找到的最聪明之人，来挑战测试自己的观点。

第四，对过度自信保持警惕，知道如何有效处理自己不知道的事情。

第五，尽全力处理被自己的决定影响的现实，并通过这个过程改善这种现实。

达利欧的这些思想与索罗斯主张的承认错误、修正错误的想法一致。可见这个理念在投资界也是成功者的共同原则。我们的交易员能够在市场中存活下来，也是因为相同的道理。

交易员的分红完全来自市场绩效，若无法获利，则意味着行动出现了错误。所以，成功的交易员都是能承认错误、修正错误的人。但实际上，能够承认错误的人不多，能够修正错误的人更少。这也是只有5%的交易者能够在期货交易中获利的原因。在我的经验中，大部分人不愿承认错误多半是因为面子问题，不愿理性思考，但其后果是毁灭性的，不是企业破产，就是组织内斗。

回到交易获利的问题上，我们是如何连续多年在市场上获利的呢？我们的核心原则是做量化交易，用金融术语来说，有两大获利要素：一是资金管控，二是正确的交易系统。

以索罗斯的哲学来说，资金管控即"求存"；正确的交易系统即承认错误、修正错误。无怪乎，成功的交易者必然是索罗斯哲学的实践者，只是他不一定知道他实行的就是索罗斯哲学。索罗斯把这套系统成功地提升到哲学、社会准则的层级，用了大量哲学术语来形容。能够把这套哲学说得清楚、说得掷地有声的，也只有苑老师了。

最后，感谢各位耐心地看完我冗长的文字。身为讲台下的学生，承蒙苑老师的赏识，让我有机会为这本结合投资与哲学的大作写下我诚挚的推荐。

言起投资董事长　丁启书

自序

我凭什么解读索罗斯

我是一个学哲学的人，不懂得具体投资事务，不处理财务，只知谋得一份教书的工作，把书教好，把文章写好。在传统认知里，我这种人算是典型的书呆子，与市场没有什么关系。

那么，我凭什么解读“金融巨鳄”索罗斯呢？我做这件事情的动机是什么？我有必要这么做吗？对于这三个问题，我都有很明确的答案。

首先，虽然索罗斯在财经界及避险基金领域均是令人称羡的代表人物，但他却自称为一位“失败的哲学家”。这并不稀奇，因为在追求人生意义方面，人人都是哲学家。当然，这不代表人人都是成功的哲学家。因此他自称为一位“失败的哲学家”也很自然。然而，实际上，索罗斯却是一位很不一样的“财经哲学家”。他对哲学的热爱，虽然未必超过他对赚钱的热爱，但绝对超过了一般财经专家对哲学的热爱。

很少有财经专家在自己所写的每一本介绍市场动态的著作中，会像索罗斯那样，一再重复他的哲学启蒙人——卡尔·波普。波普是一位极为专业的哲学家，以强调科学方法论著称。凭借自己几十年来不断研究投资方法论与波普哲学的心得，在第一次看到索罗斯在他的书中提到波普时，我就知道，解读索罗斯的投资哲学，我是合适的。

其次，我解读索罗斯的投资哲学只有一个动机，就是告诉世人，至少是告诉国人，哲学可以回答所有与人相关的问题，其中当然也包括赚钱这件事。我这么说，也许没人相信，因为一个学习冷门科系的人在逐利的台湾地区，基本上没有什么地位。

哲学当然是头号冷门科系，再加上一般人不知它的“妙用”，只好眼睁睁地看着它萎缩。最吊诡的是，当大家眼巴巴地望着金融巨鳄时，却不知道，成功发大财的索罗斯从1987年出版他的《金融炼金术》开始，就不断强调，他的市场操作反映了他的哲学理念，尤其来自波普的“证伪理论”（Falsificationism）。我在阅读索罗斯的著作之后发觉，当大家都在迷恋亿万富翁的时候，我领悟到了哲学的妙用。

最后一个问题是，作为一位哲学家，我有必要这么做吗？索罗斯说的哲学，就是值得理解的哲学吗？这会不会仅是他“附庸风雅”，发财后没事干，乱扯出来的呢？对于这种问题，我觉得，如果“索罗斯哲学”只是教人如何发财，那么它与骗术无异，不值一提。然而，在索罗斯的哲学中，充满了生命经验、概念架构、反思批判、深刻论述。这种哲学的确与市场相关，但绝对以说理为主。

索罗斯虽然推崇波普，但是依然将波普的证伪理论沿用至波普哲学，对其核心概念提出强烈的批判。他热衷于使用自己所提出的“反身性理论”（Theory of Reflexivity），但是他不会教条化这个理论，只会不断地引用实例反复检视它。最难能可贵的是，索罗斯从财经市场的成功经验中延伸出博爱主义（Philanthropism）。自 20 世纪 80 年代开始，他成立的“开放社会基金会”（Open Society Foundation）已经为践行其开放社会理念提供超过 110 亿美元的援助。这么庞大的数字，不像是牟利之士所为，这个事实令人不禁想要知道：此人究竟为何如此“高调行善”？

我对索罗斯的解读，就是要回答这个问题。为什么一个如此会赚钱的人，会在博爱主义的名义下，大手笔地花掉这些辛苦赚来的钱呢？我认为，只有哲学能够回答这个问题，至少这个基金会的名称中就有三点需要认真解读。

第一，“开放社会”源自波普名著《开放社会及其敌人》（*The Open Society and Its Enemies*）的书名，其沿用思想之处不言而喻。

第二，该基金会预设“开放社会”为“理想社会”，因此它在全世界企图影响当地政策，实现“开放”价值。

第三，索罗斯公开宣称，他不以救助苦难为主，而以改变社会为主。

当然，这三点为我们带来了更多的问题，但也告诉我们，想要理解索罗斯，就得先走上他的哲学路。对于带路这件事，我们哲学家是当仁不让的！

目录

CONTENTS

第七章　余年时期：认识自己的意识

·第一章·

写在本书之前

想要理解索罗斯的投资哲学，
最关键的核心理念，
就是负面思考。

这本书写的是索罗斯的投资哲学，不是他的哲学投资。这两者之间的差别很大。作为哲学家，我想要强调的重点是他的哲学，而不是他的投资。

索罗斯自称是一名“失败的哲学家”，但所有人都知道，他是 20 世纪最成功的投资者之一。如果你在 1969 年投资量子基金[①]100 美元的话，那么到了 1995 年，你的原始资金就已经变成 200 万美元。对索罗斯而言，这个惊人的数字最有价值的地方并不是昭示天下他有投资奇才，而是昭示他的哲学能够让人赚钱。简单来讲，赚钱只是索罗斯宣扬他的哲学思想的手段。

许多人以为，成功的人生必须像索罗斯的人生那样，从一文不名到拥有万贯家财，从历经风险到掌握市场，从受人帮助到慷慨助人。但这些并不是成功人生的真正目标，真正成功的人生是一个不断思索并随之改进的过程。索罗斯以自己的人生为例，结合哲学、经历与信念，给我们展示了他在人生的每一个阶段的思想与作为。

---

① 由索罗斯创立、全球最大规模的对冲基金之一，多次以狙击世界各国的货币而闻名。

不过，传奇的投资经历只是索罗斯人生的一部分。对于这位出生于两次世界大战之间的犹太裔投资者而言，思想、文字与理想才是其人生最重要的追求。正是三点的结合，让他成为出书最多、说话最多、理想最丰富的成功投资人。就真、善、美的含义而言，索罗斯建构知识以求真、慷慨助人以求善，通过敏锐与洞见构建起了他那充满自信的人生。在这本书中，我要向大家讲述，是什么因素让他拥有了这么令人羡慕的人生。

· 索罗斯的六个人生时期及其能力的养成

索罗斯的人生可以简称为“一”“二”“三”。

“一”是他有一个伴随一生的理念，也就是后来发展成为反身理论的可错论（Fallibilism）；“二”是影响他一生的两位重要人物，一位是他的父亲，另一位是他在伦敦政治经济学院遇见的波普；“三”是他一生中做过的最重要的三件事——投资理财、对开放社会的认同，以及对慈善事业的坚持。“一”加“二”加“三”等于“六”，刚好构成本书的六个章节（第二章至第七章）。

对一个87岁的人来讲（2017年创作本书时），这六个章节可以分为少年、青年、成年、壮年、老年及余年六个时期。这六个时期分别展现了与养成其人生意志力相对应的六种能力，即：胆识、知识、常识、见识、赏识与意识。这六种能力都是思想所展现的力量，可以决定一个人在面对各种情境时所要采取的行动。

少年时期，14 岁的索罗斯目睹纳粹德国的侵略，培育了自己面对生死的胆识；青年时期，索罗斯辗转抵达伦敦，在伦敦政治经济学院求学于哲学大师波普的门下，从事哲学研究；成年时期，索罗斯依据以往学习的经验，确立了“认知一切信念都会出错”的常识；到了壮年时期，他凭借见识对市场有了洞见，对投资有了一套特殊的理解方式；老年时期，已从市场中撷取经验的索罗斯，开始推崇开放社会的价值，并且尽可能地解释“为什么社会应该维持开放”；现在，索罗斯在余年开始实践他的道德意识，计划以他所赚取的金钱来决定什么人需要帮助。

以上六点分别代表了索罗斯人生的六个阶段，逐步凸显了他体会人生的历程，以及人生各阶段相对应的能力。在分析这六种能力前，我必须要说明：首先，这六种能力之间的区分，并不像油与水那般分明，许多能力在发展的过程中是并存的。之所以对这些能力进行分门别类，不过是为了凸显索罗斯特定人生时期的思想重点而已。其次，虽然这些能力经常是共存的，但是在探索索罗斯人生轨迹的过程中，我们大致上可以看出一个轮廓。在这个轮廓中，胆识是索罗斯开创成功人生的首要条件，然后他依循知识的建构、常识的确立、见识的发挥、赏识的对象及意识的成熟，逐渐体会人生的价值。这些能力形成了一个综合展开的过程，其中人生从培育应对风险的胆识开始，到获得成熟的道德意识，这是我在本书中强调的基本道理，即市场与人生相呼应的原则。

为便于理解，我根据索罗斯人生的不同发展阶段与对应心智能力的培育，将本书的六个章节以图片形式予以呈现。

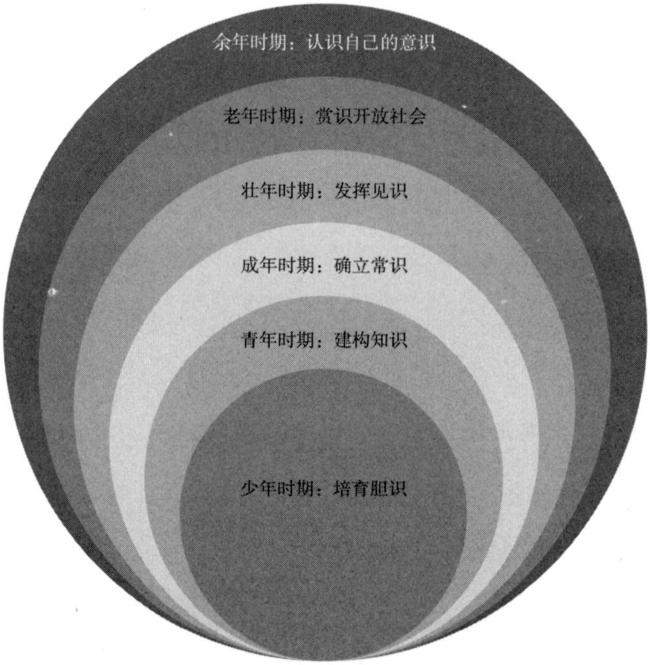

索罗斯人生发展六个阶段相对应的能力

影响索罗斯毕生的父亲——提瓦达·索罗斯（Tivadar Soros），在家乡匈牙利布达佩斯的职业是一名律师，也是个很会讲故事的人。提瓦达的人生经历中，有过严重的失败，甚至差点把命丢了。但他面对生死，也有非常大胆的判断，这让索罗斯在纳粹德国占领期间充分体会到一个人的胆识对于活着的价值。在胆识的培育过程中，索罗斯选择独自一人到伦敦求学。在举目无亲的状况下，索罗斯靠在火车上贩售餐饮，以半工半读的方式，在伦敦政治经济学院就读哲学，对波普的“可错论”情有独钟，并深受启发。

成年时期的索罗斯，保持着对于哲学的浓厚兴趣，甚至在移民美国之后从事交易员工作的时期，还继续完善他的博士论文。面对瞬息万变的市场，常识告诉他：“人的知识”必然和“人”一样，是有缺陷的，世界上没有完美的知识。这个观念成为他毕生的信念，让他深信在一个不完美的世界中，人会因为过度自信而犯错，因此其所建构的知识必然有局限性。为了让这个“常识”获得肯定，索罗斯以他对市场的洞见，结合所有能力，提出了他对市场的见识，也就是泡沫必然会发生，从而产生市场崩盘。

充分认识市场循环道理的索罗斯，从 1979 年开始，成立“开放社会基金会”，实现他对于开放社会理念的赏识。许多人不理解为什么一个在市场中叱咤风云的关键人物，会转移兴趣，从事哲学理念的论述，并且开始帮助历经民主转型的国家，由封闭的政治转向开放的社会。索罗斯在老年时期，坚定支持开放社会理念的实现，大量捐款（超过 110 亿美元）。这对于我们从哲学角度审视索罗斯的一生具有什么特别的意义呢？

这是本书在最后要回答的问题。

· 索罗斯投资哲学的关键概念

介绍完本书的主要内容之后，我要在这里提出理解索罗斯投资哲学的关键概念。索罗斯与众不同，而这一个特点不但是他投资致富的关键，也是他秉持的人生原则。最难能可贵的地方是，这个人生原则来自他的思想。索罗斯不但有不同于一般人的想法，而且他能够看到一般人是如何思考的，然后再刻意强调他与一般人的不同。在理解索罗斯的特殊性格之前，我们先来看看一般人的想法是什么。一般人的想法离不开三项原则：一是归纳经验，二是排除风险，三是追求完美。

索罗斯不但不依从这三项原则，还发明了一套理论（也就是他的反身性理论）用来反对这三者。让我们用赚钱的道理来说明，为什么绝大多数人在市场中都会依从这三项原则。

第一，所有人都想赚钱，但是只有少数人赚得到钱，于是我们就会问：谁最会赚钱？找到这几个人之后，我们会分析他们赚钱的道理，经由归纳，梳理出规律，并认为这些规律就是赚钱的道理。结果，我们找到了最会赚钱的两个人——沃伦·巴菲特（Warren Buffett）与乔治·索罗斯。有趣的是，他们两人的投资理念差异之大，犹如天南地北。巴菲特强调的是从股票的价值出发对市场进行评估，而索罗斯则大胆地以一整套哲学作为投资的方向与指引。遗憾的是，没有人能从他们赚钱的实战经验中归纳出发财的金科玉律。

第二，所有人都想赚钱，但只有极少数人赚得到大钱，因此我们通常认为，这些赚得到大钱的人能够避免所有赔钱的风险。这个想法听起来似乎言之成理，不过却让人联想到了一个事实——完全不赔钱的人，其实就是没有胆量面对风险的人。风险与收益往往成正比，但需要通过知识与胆识来验证；风险越大，往往赚钱的机会也就越大。

第三，所有人都想赚钱，因此会问：有没有让他们稳赚不赔的知识？这句话听起来很好笑，假如有，也不会有人告诉你。但问题就在这里，许多人对于完美的知识有所期待，认为市场经营的王道就是找出稳赚不赔的道理，然后他们就可以驰骋于市场之中，大赚一笔。不过问题是，我们的教育、知识、想法与理念都不断地告诉我们，完美的知识其实就是在不断努力的过程中实现目标。这个目标的实现成为一种信念，即相信追求知识的目标终将会让我们获得“无错”的知识。

对于索罗斯而言，上述三项原则都是严重错误的。

首先，经验的归纳并不能够为我们提供未来做预测的有效知识。因为归纳的经验都是已经发生过的经验，没有人知道未来会发生什么事情，会不会改变我们原来的认知，甚至我们根深蒂固的信念都会出现错误。因此，对于索罗斯而言，“假设经验的不确定性”才是重点。我们只能提出一个常识般的信念，相信市场的不可预测性，严阵以待，处处小心。

其次，对于索罗斯而言，投资时不但应该坦然面对，而且因为我们必须面对风险的事实，所以风险是值得期待的。原因很简单，就是所有从事市场投资的人都有赚钱的目的，而风险正是使赚钱成为可能的关键因素。俗话说得好，进厨房就不要怕热，油不烫鱼不会煎得好。如果不想冒险，就不要进行投资。而对期待风险的索罗斯而言，掌握趋势，扩大杠杆，冒最大的风险，赚符合比例的利润，是投资人最应该期待的事情。

最后，索罗斯对于所有正面的想法、完美的知识，以及乐观的盼望，都赋予负面的评价。让他最不能够理解的，就是当代经济学的完美知识模型。这个模型假设市场中的供给与需求会自动达到平衡。索罗斯对此极力批判，他认为市场的主体是人，每个人都有不同的想法，就像一只看不见的手随时在搅动市场，在这种状况下，市场的供需怎么能达到完美平衡呢？对于索罗斯而言，经济学中的假设是市场每隔一段时间就会出现泡沫与崩盘的主因。有趣的是，这些泡沫对他而言，是极其“肥沃”的，因为如果不能够把赚钱的道理建立在他人的谬误之上，怎么会有赚钱的机会呢？

理解索罗斯的投资哲学，最核心的理念就是负面思考。负面思考汇集了胆识、知识、常识、见识之后，它所产生的判断中有两种相依相附的思维。首先，索罗斯判断一般人的想法，并从中建构市场的趋势。同时，他要判断市场对这种“迟早会发生谬误”的趋势能够容忍多久，多少人会在不知错误的情况下盲目跟进。在做出这些判断之后，索罗斯的负面思维不断提醒他：市场会崩盘、会出现大幅度动荡、会产生越吹越大的金融泡沫。“走在趋势之前”，索罗斯不但很成功地践行了这句话，还把它作为其自传《索罗斯谈索罗斯：走在趋势之前》的副书名。

对于本书中有关索罗斯的人生经历与金融操作史实，我参考了其撰写的 14 本著作，以及其父亲提瓦达的两本著作。由于所参考资料皆为原文，故将这些著作的原文书名翻译为中文，列举如下，并标出出版年份，以显示资料来源的版本，供读者进一步查阅理解。

一、乔治·索罗斯的著作

The Tragedy of the European Union（2014）

——《欧盟的悲剧》

Financial Turmoil in Europe and the United States: Essays（2012）

——《欧洲与美国的金融混乱：论文集》

The Soros Lectures at the Central European University（2011）

——《索罗斯在中欧大学的演讲集》

The Crash of 2008 and What It Means（2009）

——《2008 年金融海啸及其意义》

The New Paradigm for Financial Markets: The Credit Crisis of 2008 and

What It Means（2008）

——《金融市场的新典范：2008 年的信用危机及其意义》

The Age of Fallibility（2007）

——《可错性的年代》

George Soros on Globalization（2005）

——《索罗斯谈全球化》

The Bubble of American Supremacy（2004）

——《美国霸权的泡沫》

Open Society（2000）

——《开放社会》

The Crisis of Global Capitalism: Open Society Endangered（1998）

——《全球资本主义的危机：受威胁的开放社会》

Soros on Soros: Staying Ahead of the Curve（1995）

——《索罗斯谈索罗斯：走在趋势之前》

Underwriting Democracy（1991）

——《确保民主》

Opening the Soviet System（1990）

——《开启苏联》

The Alchemy of Finance（1987, 2003）

——《金融炼金术》

二、提瓦达·索罗斯的著作

Crusoes in Siberia（2011）

——《西伯利亚的鲁滨孙》

Masquerade: The Incredible True Story of How George Soros' Father Outsmarted the Gestapo（2011）

——《化装舞会：乔治·索罗斯父亲智取盖世太保的真实故事》

·第二章·

少年时期：培育胆识

一个 15 岁的少年，
思考方式却像一个 50 岁的老人，
是一件很不正常的事情。

乔治·索罗斯，1930年8月12日出生在匈牙利布达佩斯的一个犹太家庭。母亲家族经商，是贩卖丝绸的商人，父亲是律师。他原姓施瓦茨（Schwartz），1936年，他父亲为了避免当时方兴未艾的反犹太风潮，刻意改为发音听起来像是匈牙利文的姓——索罗斯（Soros，匈牙利文的意思是“继承者”）。这个姓很特别，是“正反向同字”（Palindrome），即从左念到右是索罗斯，从右念到左也是索罗斯。

单从上面这一段简短的介绍中，就可以看到索罗斯日后发展投资事业以及人生规划中的几个重点。

1930年的布达佩斯是各个族群聚集的城市，其中犹太族群在文化、教育和宗教层面最为活跃。犹太人特别重视家庭、教育与宗教，索罗斯家族自然也不例外。尤其是家庭与教育，对索罗斯于1947年17岁时离开布达佩斯开始闯荡社会之前的这段生涯准备期，有着十分深刻的影响。

在家庭方面，其父母个性的差异，让索罗斯对家庭的认识有刚有柔，从而构成其刚柔并济的内心世界。犹太人对教育的重视，尤其对语言训练的重视，让索罗斯具有精准的文字把握能力，这成为他日后在财经分析领域过人一等的关键。

对宗教的认知，让索罗斯在世俗世界中，将所有犹太教的精华转化为人生的动力，并让他对外在世界及人道主义有近似宗教般的热情。将这三点犹太精神结合在一起，可以让我们对这位投资大师的日后人生有更为清楚的理解。

· 父亲的经历：索罗斯人生的重要指引

索罗斯从父母身上获取了面对人生各种挑战的能力。母亲伊丽莎白来自一个经营丝绸的犹太经商家庭。父亲提瓦达是一名律师，是典型的犹太知识分子。其父母有非常不同甚至冲突的个性。

他父亲的个性外向、聪明、胆大，具有领袖魅力，喜欢冒险，相信自己的判断。而他母亲则是一位内敛、经常反省、容易自我苛责的虔诚犹太教信徒，甚至还接纳了神秘主义。这两种截然不同的个性，在索罗斯身上长期扮演着相互冲突的角色，可以说，克服这种性格冲突一直贯穿于他的成长历程中。

索罗斯坦承，父亲在他心目中是一位偶像人物，其生命之中充满了各种传奇，是一位外向、喜好交友但从不会轻易向他人展现内心世界的人。索罗斯父亲的传奇故事与两次世界大战息息相关。在这两次人生经历中，提瓦达一次失败，一次成功，这两次经历正应了那句话——失败是成功之母。

第一次世界大战爆发时，提瓦达看到了扬名立万的机会，自愿从军，在战场担任一个小军官时，惨遭俘虏，被关在西伯利亚。后来发现情势不对，他计划逃亡，却因为看错地图，沿河而上，几乎到达北极，结果再次被俘。提瓦达在莫斯科度过了一段艰难的日子，但他却在这段日子里学会了俄文。回家时，战争早已结束。

根据索罗斯本人的描述，回到家后的提瓦达变了一个人似的。他不再有野心，不再追求扬名立万的机会，不再追求发财致富，反而成为追求独立、享受生活的人；他虽然是一名律师，但是他尽可能不接案子；他为了享受假期，常常让还未成年的索罗斯到客户家借钱，然后在享受完假期之后，又痛苦地面对接下来几周必须辛苦工作的事实。

提瓦达拥有多处房产，并在第二次世界大战爆发后出售了它们。在1944年纳粹德国占领布达佩斯时，索罗斯家已经把房地产变卖完了！索罗斯说，很少人像他父亲一样，依靠手上资产过日子。提瓦达曾对索罗斯说："我的头中带有我的资产。"这种充满幽默感的表达方式，不但展现了提瓦达有趣的一面，也让索罗斯从小就知道，人生是用来享受的，不应该被钱困住。这种豁达的态度，配合因为失败经历所培养出来的胆识，让提瓦达在纳粹德国占领家乡期间，不但逃过所有的劫数，还成功地救了许多人。那么，他做了什么事情使他们一家人甚至更多人躲过灾难？这就是制作并贩卖假身份证！

1944年3月19日，纳粹德国占领匈牙利。纳粹德国拖至这时才占领匈牙利的主要原因，是奥地利在一开始即因为同文同种而先行被纳粹德国吞并，以至于匈牙利并没有立即被占领。这延迟近4年的时间，让提瓦达在纳粹德国占领初期就已充分认识到即将发生的事情。提瓦达不断告诫索罗斯，这不是正常时期，所以日常规则是不适用的。在这段可以用“疯狂”来形容的日子里，只要你是犹太人，或是不能证明“你不是犹太人”的话，就很可能面临立即被押送或处决的命运。

提瓦达在非常短的时间内，就决定要为全家人购买假的身份证明，以及“证明这些假身份”的家庭记录。后来提瓦达发现，这种造假不但可以帮助家人脱离危险，还可以帮助亲戚朋友，甚至可以借由这些造假的经验，为自己赚取不菲的代办费用。

提瓦达曾经成功地帮助好几十人脱离险境，也因此赚了一大笔钱。这种死里逃生的经历，甚至让索罗斯产生了一种苦中作乐的感觉。他注意到，在面对死亡、面临极端种族歧视的环境下，他们一家人却能够在父亲的努力下，度过他认为最快乐的时光。

为什么快乐？因为他们不但活下来了，而且还帮助了许多人。最关键的是，他看到一位父亲在所有人察觉到危机之前，就已经先发现危险时刻的到来，并且凭借智慧与胆量渡过了这个难关。索罗斯曾经说：“对于一个14岁的少年而言，有什么比活在一场可以拍成电影的大灾难中更刺激的事情呢？”

两次世界大战让索罗斯父亲分别经历了失败与成功的人生，父亲的这段经历成为索罗斯一生中最重要的指引。索罗斯曾经说过，他的成功来自两位哲学导师，一位是我们接下来要介绍的波普，另一位就是他的父亲。

· 父亲对索罗斯的影响：生存哲学与世界语

父亲提瓦达教给索罗斯的哲学，是生存哲学。这是一种没有书籍、只有生活的哲学。作为一位当时受歧视的犹太人，为了自己的生存环境费尽苦心，但得到的往往是不公平的待遇。提瓦达曾经在他的书中说，作为一个犹太人，你做的事情不但应该是正确的，而且应该是高明的。

来自犹太家庭的索罗斯，不但受到家庭的照顾，而且受到了很好的教育。提瓦达拥有的一项能力就是学习语言。在被苏联军队俘虏期间，提瓦达曾经利用机会学习俄语。在第二次世界大战结束后，他被瑞士领事馆聘为联络官。在提瓦达所掌握的语言中，最特别的就是在欧洲犹太族群中通用的世界语（Esperanto）。

世界语是 19 世纪末由一位来自波兰的犹太人发明的，目的在于综合各种语言，让世界上所有人都能够使用同一种语言，从此避免沟通上的障碍与误解。世界语的原意是“希望”，就是希望促进人类和平，避免争端。

提瓦达是世界语的积极支持者，不但能说、听、读，还能写。他根据两次世界大战的经历，使用世界语先后完成了两本著作，分别是《西伯利亚的鲁滨孙》和《化装舞会：乔治·索罗斯父亲智取盖世太保的真实故事》。更神奇的是，提瓦达还用世界语教育他的两个儿子。因此，索罗斯成为目前世界上仅存的2000多名会使用世界语的人之一。懂得世界语改变了索罗斯的一生。

1945年，虽然纳粹德国败亡，但匈牙利人生活中的压力仍有增无减，言论自由依然受到限制，索罗斯再次感觉到生存受到了威胁。于是，在父亲所教导的生存哲学的影响下，他选择离开布达佩斯，想要前往他国。在那个时候，出国并非易事，必须要有一个理由，而索罗斯的理由就是——去瑞士参加世界语大会。

这一年，他刚好17岁，从此他开始远离父亲，可是父亲所教导的生存哲学，却让他一直铭记在心。直到好几年后，他才发觉自己事业上获得成功的主要因素，来自洞烛先机的判断以及活下去的决心。这两大因素让索罗斯曾经自嘲说，他离开父亲的理由是因为“一个15岁的少年，思考方式却像一个50岁的老人，是一件很不正常的事情”。

索罗斯少年时期的经历对他一生产生了深远的影响，尤其是胆识的培育。这些特殊时代的经历，对于一个人传奇人格的塑造是有正面价值的，只是没有人愿意拥有这些惨痛的经历。在当时的战争环境中，所有犹太人都不得不面对生离死别，年轻人根本不可能拥有美好的发展环境。相反，他们必须时刻接受最严苛的考验。

索罗斯与父亲一同前往参加在瑞士举办的世界语大会，然后在瑞士申请转往英国的签证。欲返回匈牙利的提瓦达，在临走前把几百元瑞士法郎留给了索罗斯。从此，索罗斯便再也无法亲耳聆听父亲的教导了。

· 第三章 ·

青年时期：建构知识

知识必然是不完美的。

当我们必须依靠有可能出错的知识

做一切决策的判断时，

我们要如何执行这些决策呢？

· 踏上哲学的启蒙之路

1947 年，甫抵伦敦的索罗斯，在几乎身无分文的情况下，选择到伦敦政治经济学院就读，钻研哲学。他于 1952 年取得哲学学士学位，1954 年取得哲学硕士学位。索罗斯对于哲学情有独钟的原因，可能与他的家庭相关，因为在他父亲提瓦达的著作《化装舞会：乔治·索罗斯父亲智取盖世太保的真实故事》里就有《犹太哲学》这一章。

《犹太哲学》这个章节的主要内容，就是犹太人的生存哲学。当时，犹太人在社会中被歧视，想要脱颖而出是“奢望”，用尽一切办法求生存是“应该”。提瓦达强调，在生存的过程中，无论多么困难，依然要保持幽默，总是以乐观的心态看待自己所遭受的不公平待遇。这一点，对于饱受歧视的犹太人而言，虽然不好理解，但却饱含深意——通过思想追求生存，能够克服实质的苦难。

来自犹太家庭的生活经历，与索罗斯日后能取得成就息息相关。这段令谁都不愉快的经历，让他明白了在市场中非常重要的两个道理。一是对于未来的发展，永远要保持戒慎敬畏之心，最好能够以悲观的态度看待未来，绝不能自我满足；二是对于人性的发展，永远要保持乐观的态度，认为人总是能够凭借思考的力量提出解决问题的办法，针对日常的现象归纳出改善生活的方法与策略。

正是上述道理成就了索罗斯，让他同时拥有投资者与慈善家两种身份。前者是悲观的、谨慎的，以盈利为目的；而后者是乐观的、大胆的，以帮助他人为目标。这两个道理成就了索罗斯一生中最重要的两项事业。实际上，这也是在提瓦达的“犹太哲学”下发展出来的结果。

在这两项事业中，索罗斯给自己三个头衔：一是失败的哲学家（这是他给自己的称谓，但这个称谓让学院派的哲学家感到很无奈，因为失败的哲学家竟成为一代富豪）；二是投资客（投资客已经是尊称了，应该叫他“投机客”，许多人直称他为“金融巨鳄”）；三是慈善家（称其为慈善家的理由是，在 2014 年以前，索罗斯已经捐了 110 亿美元给他所成立的“开放社会基金会”）。

这三个头衔应该是索罗斯一生的写照，它们都与哲学相关，尤其是他在伦敦政治经济学院就读哲学时的经历。我认为，学习哲学，尤其是学习哲学的“科学方法论”，是索罗斯探索人生的一座灯塔。在伦敦政治经济学院钻研哲学之前，索罗斯已经懂得了追求生存的胆识哲学，后来接触到学院派哲学后，他发现两者都有欠缺，但它们可以互补。

因为这个缘故，索罗斯的哲学极具批判性，甚至争议性，但是在成功的投资经历下，他将自己对于哲学的体悟，发展成一套“反身性理论”。然后，他以在投资事业中的实战经验，将反身性理论直接应用在获利的过程中，并宣称这是他赚钱的“炼金术”。他以《金融炼金术》为书名，在1987年将这段经历付梓出版，轰动一时。2003年，在这本著作的第3版里，美国联邦储备委员会前主席保罗·沃尔克（Paul Volcker）在序里写道：

> 对我而言，他（索罗斯）坚决地订正教科书中所列举的有关市场效率与理性期待的理论模型，并宣称这些理论模型为“市场基本教义派”，它们只能导致错误与扭曲的结果。
>
> 索罗斯强调，市场参与者并非日常意义下的非理性或无效率，同时他们的期待也不是不重要。关键是这些期待不但不会达到稳定均衡，甚至这些市场参与者的思想与行动会影响市场。同时，这个受影响的市场会将真实“反身”到市场基本教义派的理论中。这个过程会持续不断地以反身的方式，加大参与者对于市场错误的期待。
>
> 从一个比较宽广的角度而言，因为索罗斯在此（本书中）回到他对哲学的原初最爱，所以他自始就将“反身性”的运作当成人类存在的核心本质。人类必须思索真实，而思想就是其中的关键部分。

上述三段话是对索罗斯的哲学理念之精华的总结。本书在接下来的篇幅中，会针对这三段话所代表的哲学理念进行说明与解释。然而，索罗斯本人在对自己年轻时期就提出的与众不同的理念感到骄傲的同时，也因为其未受到学术界的青睐而说自己是一位“失败的哲学家”。

为什么索罗斯说自己是一位“失败的哲学家”呢？答案来自他对波普哲学的兴趣。

根据索罗斯自己的说法，他真正被哲学吸引是在伦敦政治经济学院就读时期，阅读波普的著作《开放社会及其敌人》时。当他读到这本书时，立即就被迷住了，并且决定到波普门下求学。从此两人结下深缘。1962 年，尽管索罗斯已经在美国从事金融工作，但他依然按照波普的理念，完成了博士论文《意识的负担》（*The Burden of Consciousness*，未出版）。

《开放社会及其敌人》这本书的主旨是“反对教条”。反对教条的人往往是头脑清楚、胆识过人的人。因为反对教条，他就必须充分理解使教条成为可能的背景，然后首先反对这个背景，再反对这个教条的内容。但是，索罗斯认为，大多数人相信教条，往往是因为他们缺乏反对主流想法的勇气。他还认为，只有哲学上的训练才能够让一个人获得清晰的思维与自信的勇气。

· 卡尔 · 波普的哲学影响

索罗斯受到波普的影响很深，他在自己所有的著作中，都承认自己在思想上的启蒙，无论是财经投资还是贡献社会，其理念的核心都来自波普的哲学方法。波普的哲学既传统又新颖，传统的地方在于西方哲学从一开始就是以“否定他人的哲学思想”作为发展主轴的，而新颖的地方在于波普的哲学强调的是一种负面的方法论。波普认为，科学的本质就是建构知识，在没有绝对真实的情况下，所有我们能建构的，就是提出假设，然后尽量否定这些假设。波普认为，科学知识就是这么来的，而科学的历史就是否定假设的历史。这就是波普影响索罗斯的核心观念，我们称为“证伪论”。

对于波普而言，当我们提出或发明一个理论的时候，我们对于这个理论的态度不是捍卫它的真实，而是在容易暴露这个理论缺陷的情况下，让它面对挑战。例如，当一个理论指出明天下雨或者不下雨时，它虽然是正确的，但是没有价值，因为它没有被否定的风险。

可是，当一个理论预测下周二晚上 8 点会有月食发生时，这个理论则会面对“到时候依然看得到月亮”的风险。对波普而言，有可能出错的理论的价值超过了不会出错的理论的价值。这种“肯定错误”的哲学思想，就是所谓的负面方法论。因为是负面的，所以一个成功预测月食的理论并不是一个真实的理论，而是一个暂时通过检验的理论。

最重要的是，这个理论的检验是希望能够否定而非肯定这个理论。对于波普而言，否定的价值是多层面的。首先，否定可以让我们发现一个理论所能够涵盖范围之外的可能性。其次，在了解理论局限性的同时，我们也能够感受到，理论只是人为的发明，它是一个企图模拟世界的模型，但绝不会是世界本身。

正如同我们看到日月星辰的移动一般，在我们面前呈现的所有现象，只是从人的角度观察到的现象而已。因为人受时间与空间的限制，所以这些观察就不会是绝对真实的。因此，波普的证伪理论让我们产生了一种必须随时面对修正的不安感觉。这种感觉违反一般常人偏好追求的稳定与和谐，却是唯一真实的。

波普的理论其实是很传统的，因为它对西方哲学第一人——苏格拉底（Socrates）的思想情有独钟。苏格拉底述而不作，他的思想呈现方式以反驳他人为主，他甚至因此而扬扬自得。他常常想尽一切办法，用辩论的方式，追使他人承认自己的无知。苏格拉底认为自己的所作所为与一只爱蜇人的牛虻无异。波普也喜欢称自己为牛虻。

波普时常会冒出惊人之语，但目的不是让人感到难堪，而是想要让人知道：人唯有在被挑衅的情况下，才会注意别人的看法。索罗斯第一次与波普见面时，波普表示对于索罗斯不是美国人感到失望，这令索罗斯相当吃惊。后来他才知道，波普说这些话的目的，是希望所有推崇《开放社会及其敌人》这本书的人，最好是没有在欧洲经历过封闭社会的美国人。这个表面荒谬、其实有理的说法，让索罗斯终生难忘。因此，我们可以直接以“负面理性”概括波普的哲学思想。这个概括使得我们可以进一步诠释波普哲学中如下三个部分：

第一，不完美的理解。

第二，激进的可错性。

第三，“肥沃”的错误。

对于波普这样一位想法与众不同的哲学家而言，这种强调“必然会出错的哲学”，不但是好的，也是我们能够获得科学知识的方法。

波普对索罗斯最主要的影响是，让他认识到“世界是不完美的”，所以我们建构的理论会出错。同时，索罗斯对波普的理论提出了自己的诠释。波普哲学强调，建构理论是发展科学的基础。索罗斯对此的理解是，所有人宣称的“知识”并不是知识，而是有缺陷的建构。我们可以应用这些理论，但别忘了它们的缺陷。我们也应当知道，这些缺陷在发生错误时才会显现出来。索罗斯的反身性理论是对波普哲学的应用，但他也做了重要的修正。

· 索罗斯对波普理论的诠释

波普的理论主要是“建构科学知识的方法”。因此，学习这个理论的目的就是建构科学知识，或者直接拥有科学知识。然而，我们为什么需要建构科学知识呢？答案很明显，因为我们想通过知识的确立来认知真实的世界。认知真实是我们的天性，理由很简单，没有人愿意活在虚假之中，或者活在被蒙蔽之中。

那么，什么是真实呢？最简单的答案就是，知道什么是“真实存在”于这个世界中的。真实存在并不是完全客观的，因为它也包含我们的思想与行动。我们的思想决定了行动的方向，而我们的行动不但能改变世界，也让改变后的世界成为真实世界的一部分。让我们用建造房子举例，说明这里所谈到的内容。

建造一栋房子的材料是客观存在的，但仅有“材料”是盖不出房子的。要盖成房子，除材料外还需要有建筑师的“理念”，所以建筑理念也是构成房子真实存在的一部分。当然，建筑工人的“行动”，让房子得以盖出来，也是真实的。

这三者的结合，不但建造出房屋，也建造出村落、城镇与都市。它们的结合，让材料、思想与行动三者合一，成为我们眼前所见的真实。因此，从真实存在的角度而言，只要付诸行动，所有人的规划与想法不但能够实现，而且也是我们所认知的真实。

请注意，这里所谈的真实，是材料、思想与行动的结合。这个结合使得我们所谓的真实与思想的区别很难一刀两断。思想上的事物可以不真实，比如胡思乱想的事物，但真实的事物却有可能来自我们的思想。

这是一个很重要的观念，因为这个介于事实与思想的辨别构成了科学的主要内涵。

一般而言，科学可以分为自然科学与人文社会科学两大类。如果科学研究的对象是客观存在的实体，如日、月、星等，那么这就属于自然科学的范畴。如果科学研究的对象是思想本身或将受思想影响所采取的行动，如政治、社会、经济等行为，那么这就属于人文社会科学的范畴。

当然，人文社会科学是一门比较复杂的科学。为什么比较复杂呢？那是因为，人尤其是人的思想，本身就是人文社会科学的研究对象，所以我们的想法与观念都成为知识的一部分。然而，因为我们没有能力控制别人怎么想，所以我们无法完整掌握思想在建构知识的过程中所扮演的角色。

相较于日、月、星等自然科学的客观研究对象，用思想建构政治、社会与经济理论的人文社会科学的研究对象，就其本质而言，是主观的。主观的研究对象很复杂，因为它包含别人的想法，甚至自己的想法，而我们每一个人的思想都会变。坦率地说，有的时候，我们连自己到底在想什么都搞不清楚，怎么可能完全掌握别人的想法呢？

因为这个缘故，所以任何牵涉人的思想的知识，其实都是不完整的。我们也说，所有知识都是“假设为真”的，是不完美的。波普的想法更为极端一些，因为他认为，无论是自然科学还是人文社会科学，都少不了人的参与，都是人运用相应理论来解释研究对象。所以，任何科学知识都是不完美的，都是有可能出错的。

波普这个不分自然科学与人文社会科学的观念，构成了索罗斯对波普哲学批判的重点，因为索罗斯认为，波普轻视了主观思想在影响人对世界的看法时（尤其是财经市场）所产生的力量。这一点，是我们在后面谈到“索罗斯的哲学应用”时要做的说明。现在，我们需要针对波普哲学里索罗斯情有独钟的部分，也就是“知识的不完美性”这一点，说明他对这个理念有哪些独到的理解，促进其财经哲学的形成。

· 知识，必然是不完美的

索罗斯深信“知识就是不完美的”，对此他做了更进一步的诠释。他认为，这不但是我们人类在本质上的限制，也是我们在建构知识的过程中仅有的部分。他问：当我们必须依靠有可能出错的知识做一切决策的判断时，我们要如何执行这些决策呢？实际的情况可能更糟，因为这些决策极有可能只是真实的一部分。为什么呢？

因为先前的决策会影响我们做下一个决策的想法，产生后来事件连续不断发展的因果性。因果性是我们用来解释外在世界中发生一连串事件的基础。虽说如此，但是这里的因果性仍然是假设的，只是我们根据先前的判断所延伸的一部分，而不是说在真实世界或自然世界中，因果性真的存在。在哲学中，这种因果性之所以能够获得被应用的机会，是因为人天生就会应用归纳的方法。

所谓归纳的方法，简单来说，就是将过往的经验、事件发生的特征归结成一个规律，纳入我们的思考模式中。因此，从更广的角度看，归纳的结果就是我们自己从经验中归结出来的心得，而不是自然世界中真实存在的一部分。因为它不是真实存在的，所以就有可能出错。或者说，因果性有可能是我们一厢情愿假设出来的。

比如，我每天早上运动的时候，都会遇见老张。我们打招呼，一起聊天、走路。这个相遇久而久之成为一个规律，但这个规律并不代表我今后外出运动时必然会遇见老张。原因很多，但最重要的原因是，我与老张都拥有独立的心灵，各做各的决定，有的时候因为种种原因，这些决定长期相似，让我们总是能够在运动场相遇。但我们总是能够在运动场相遇的这个现象依然纯属巧合，并不能够说明我俩心有灵犀。

问题是，太多人倾向用归纳的结果来解释外在事件的规律，甚至更进一步认为，这些规律本身就像法则一般存在于外在事件中。他们认为，事件与事件之间的联动性，已向我们透露出这些事件之间包含相循发生的因果关系。他们甚至认为，因果关系决定了外在事件发生的原因，因此只要我们通过理论设计找到因果关系，就可以预测未来事件。

对于这种想法，索罗斯认为，这正好说明很多人的想法并不是完全理性的。想法不理性其实还不是最要命的，最可怕的是，很多人有一种“扭曲事实”的倾向，不愿意接受外在事件中没有完美的因果关系这一事实。他们认为，我们有能力建构不会出错的完美知识，因为我们可以充分掌握事件发生的因果关系。而索罗斯则认为这是不可能的。为什么呢？

原因就在于，我们的想法本身就是影响因果的一部分。换句话来讲，对于正在发生的事情，思想与事物之间是互动的。我的想法会导致事物出现，而新的事物又会影响我的思想。如此循环发展，导致没有介于思想与事物的区别，使我们不能单纯地通过思想掌握事件与事件之间的因果关系。我们的思想就是导致事件发生的原因，而出人意料的事件，正是我们思想迷障所造成的结果。

有些事情之所以出人意料，就是因为人们通常假设：事情的发生是有规律性的。但其实并非如此。举例来说，当我想吃猪肉，或者想吃鱼的时候，我要想一下再做出决定。比如，我想吃猪肉，那么我接着就要决定去哪里买猪肉。一旦我做出决定，去传统市场买猪肉的时候，市场会卖什么就由不得我了，而我想要吃什么，也完全取决于市场出售的食材。

绝大多数的情况是，我的确可以在传统市场买到我想要的猪肉，因为对归纳的运用，让生活中的判断经过多次确认，在我的内心世界中形成了规律。当我想吃猪肉，就去市场买。这是我们日常生活中再简单不过的事情。然而，某一天当我去传统市场买猪肉的时候，刚好碰到卖猪肉摊贩休息，那我只好去买鱼。那一天，我决定去传统市场，而非超市，就是导致我由买猪肉改为买鱼的理由。

你可以说这是偶尔发生的情况，但偶尔发生与科学知识所诉求的普遍性之间存在无法填补的鸿沟。科学知识是讲求普遍性的，因此不准许例外，否则就不具有“科学”的地位。因此，相信科学普遍性的人，自然都不愿见到意想不到的情况发生，但天不遂人愿，例外总会发生，因为我们的想法往往影响我们的认知，而受到认知影响的情况，是没有可能被准确预测的。

这是为什么我们无法拥有绝对真实的原因，因为我们在做决策的过程中一定会有思想引导，为下一个行动做出判断，预计采取什么行动、达到什么结果。问题是，行动的理由在受这项行动影响的人心中会出现什么样的改变，是完全不受控制的。索罗斯举了一个非常有趣的例子来说明这种无法控制的情况。

如果我对你说：“你是我的敌人！”你听了这句话以后会很不舒服，因此你就可能真的变成了我的敌人。问题是，当我说这句话之前，你并不觉得你是我的敌人，反而是因为听到了这句话，影响了你的情绪，让你变成了我的敌人。

真实的情况之所以不可知，正是因为“真实伴随着我们的思想而转变”。这种伴随思想发展而出现的理解，让我们必须承认，真实是我们思想互动下的产物。真实是动态发展下的结果，而且只要有人的参与，那么思想的力量必定扮演一定的角色；这个角色让我们无法静态地确认真理为何。这是波普哲学的主要贡献，即指出人类知识的不完美性。

认知人类知识的不完美性是知识建构中最重要的步骤，但很少有人愿意接受这个事实，因为绝大多数人相信完美的知识是可能存在的，尤其是参与市场的人。为什么？因为参与市场的人必然是认为赚钱是可能的人，所以他们往往认为，“市场是可以预测的”，并且在预测的基础上早做布局，设定方位，力求创造获利的空间来大赚其钱。

索罗斯当然不会认为赚钱是不可能的，也不会承认投资与赌博没有什么差别。事实上刚好相反，他不但认为赚钱是可能的，而且他还认为，赚钱的基础刚好就建立在大多数市场参与者忽略了波普哲学给我们的教诲上。波普哲学告诉我们：天下没有完美的知识，所有知识都会出错；但市场参与者所读的教科书却教导他们——供给与需求会自然达到均衡的完美状态。

一般财经学者认定完美状态存在，可以通过理论展示客观知识，并且通过主流教育的影响，将这些完美知识以模型、公式等形式记录在教科书中。一些学术团体奉完美知识为圭臬，让管理阶层尊它们为圣旨，让国家机器视它们为方针，这些都是我们今天耳熟能详的事情。这些发生在我们眼前的事情，其主要问题就是误以为知识通过理论有了完美的呈现。这种以假为真的态度，一旦应用到市场操作中，就会出现理论扭曲真实的现象。

当这个现象伴随着实际发生的情况，慢慢就会出现背离事实越来越严重的状况。在这个时候，真实的反扑就会从各种意想不到的财经灾难中反映出来。这就是索罗斯所谓的“反身性”。诚如沃尔克所言，反身性之所以是一个独到的哲学创见，不只是因为它批判了教科书中的主流理论，更是因为反身性的发生，完全来自人性本质中的盲点。是人就会有追求完美知识的本能，而只有哲学能够让人注意这个本能对我们设定的限制。

· 反身性理论：认知与操控

反身性理论基本上就是建立在“错误必生”的观念上。这个理论谈的是人的思考，其中包含两种功用：认知与操控。

我们面对自然，通过思考认知它，诠释它；最后，我们不但相信所认知的结果足以决定“自然”是什么，还会相信“自然”就是这样的。至于“自然”的真实状态则是一个无法解答的问题。然后，一旦我们知道人所建构的“自然”为何时，我们就会想去操控它、掌握它，甚至只信这个操控的结果为真。

为什么我们会对理论信以为真呢？原因有历史的与理论的两方面。在漫长的历史中，人类对“自然”充满神秘的向往，直到科学时代的来临。在17—18世纪，欧洲出现了启蒙运动。这不是普通的运动，因为它一旦出现就难以停止，而且启蒙运动借由发扬科学理性，彻底改变了人与自然的关系。科学做出无限的承诺，而自然只是一个静态的对象，让科学研究人员去发掘、认知、应用，甚至操控它。

今天，我们生活在科学时代之中，对启蒙运动的成果，可以说是耳熟能详的。科学理性不但带来了许多新的发明，也否定了所有旧的迷信。在否定这些迷信时，说来好笑，这个否定的方式并不是靠证据，而是靠另一个迷信，也就是“科学会为我们带来无止境的进步”。在这个“新迷信”下，人类志得意满地发挥认知自然世界的力量，殊不知在得意的背景里，人类一直处在一厢情愿的自我满足中。

我们在追求知识的过程中，一直相信理性足以让我们理解自然，所以只要发挥思想的力量，自然就会是我们的“囊中之物”。呈现这些“战利品”的，就是我们建构的理论与模型。这些理论与模型未必在一开始就是完美的，但科学会持续进步的信心，让我们相信获得完美知识是迟早的事，让我们在认知外在世界的同时，却不愿意承认认知的结果必然会出错。

启蒙运动所导致的问题有很多种，包括伦理、环境、发展等方面。但这些问题不是索罗斯关注的重点，因为他致力于将波普的科学哲学应用在财经领域。索罗斯关注的问题是：这种受到启蒙运动影响的求知心态，在市场的运作中会发挥什么作用呢？索罗斯对这个问题的回答构成了他哲学的精华，其中最重要的一点，就是他同时说明了“理论的真实性”与“对波普科学哲学的批判”。

波普是科学哲学家，因此他认为我们对外在世界的认知得依靠经验；经验是建构科学知识的关键。然而，在“否定理性”的影响下，他并不认同经验在归纳的应用下，能带给我们完美的知识。虽然“反归纳”逻辑是波普哲学的精华，但他也承认，在建构科学知识的过程中，我们又不得不依赖经验。然而，我们又不能说，通过经验所感知的世界就是真实的世界。波普认为，对任何学科进行探讨的方法都一样，就是从经验出发，批判所有用经验建构的理论。

对于科学是统一的，不分自然科学与人文社会科学这一观点，索罗斯持否定态度。自然科学的研究对象是自然，不像人心那么有目的性。人文社会科学不但将人心纳入研究对象，还将人心所认知的事物当成“自然”，因此在认知“自然”后，会有强烈的目的性思维，想要去操控它（“自然”）。正是因为这个目的性，再加上原本就不是知识的认知结果，使得人文社会科学中建立的理论模式，既具有符合经验的外表，又具有谬误的本质。

谈到建构知识的过程，不分对人的经验与对物的经验，一定是有问题的。索罗斯认为，在人的经验里，有一个特征是波普没有注意到的，那就是“人的经验有目的性”。假设有一个人进了一个陌生的房间，他不会漫无目的地四处观察。如果他是电脑专家，那么他一定会特别注意这个房间里的电脑；如果他是装潢专家，那么他一定会看看这个房间的装饰够不够好；如果这个人是警察，那么他一定会看看房间里有没有可疑的事物。

所以，每个人进入新的环境，他的观察都会因为原有的认知而带有目的性。有趣的是观察的目的，因为它往往决定我们所观察的内容成为存在的事物。至于其他观察不到的部分，则因为每个人背景知识的不同，或者观点不一致，根本就不具有存在的理由与条件。这个看似偏颇的观察的目的性，虽然是出现一切谬误的原因，但也是让理论具有真实性的主要理由。因为我们观察的目的和结果是一致的，所以存在的原因与认知都是同一套思维的产物；我们会觉得，这套思维是不会出错的。

索罗斯认为，这种情况就是人文社会科学建立理论模型的起源。这些模型，一方面具有符合经验的外表，另一方面又具有谬误的本质。这种矛盾的结合，让许多人在认知事物之后，就会因为所有认知结果的一致性，而相信理论的解释力。在成功验证几次之后，人们就会深信这些理论是真实的，并信心满满，不但将理论视作完美的知识，还会基于追求利益的理由去操控它们。

建构出来的理论结合过往的经验，归纳出未来的规律，发展出融贯的系统。经验、规律与系统三部分成为一个融贯的整体，加上教育的强化，让所有人都在不疑有他的情况下接受理论的真实性。久而久之，我们就像被操控一般，认为眼前的一切，如果不是真实的，那还会是什么呢？

电影《黑客帝国》（*The Matrix*）告诉我们，最高明的操控是在“不知情”的情况下发生的。电影里有一句话：“你要怎么确定，现在你是在母体里面，还是在现实世界里呢？”我们要怎么知道，现在的想法是被操控的结果，还是正确的结果呢？然而，因为生活中处处是约定俗成的认知，所以我们会习以为常地认知世界上的一切，并不会认为在这个世界之外还有什么其他东西。

因为我们不可能离群索居，所以我们必然与他人共处在一个世界中。换言之，没有人可以脱离环境而单独存在。我并不是说我们活在梦中，事实上大家因为共享一切而联结在一起。所以，在认知世界为真的情况下，我们就会拥有相信一切为真的自信心。很明显，这是一种“误认”，因为我们并不拥有真实，可是在“理论可以进一步修正”的科学方法下，这种误认倒没有什么问题，因为这本来就是历史与理论双管齐下所导致的结果。

问题是，在财经领域中，尤其是在古典经济学理论里，这种“误认”就是市场出现泡沫的主要原因。

关键是利益的操控。操控是人的本性，只要对被操控的对象有绝对的把握，那么人必然会进行操控。原本这是不可能的，可是启蒙的历史增强了我们的自信心，而理论的建构确实一而再地得到经验的确证。历史与理论两者的结合，使人们认为：完美的知识不但可能存在，而且可以为人类经济行为做出规划，追求最大的获利空间。简单来说，财经世界就是哲学的极致展现，因为在这个领域中，我们处世的经验正是人类最强大的欲望——获利！

获利的欲望让每个人在被操控的过程中也扮演了操控他人的角色。索罗斯将整个社会看作一个大市场，解释为何他一方面从事市场操作，另一方面持续研究科学哲学的内容，并将研究心得注入他日常对市场的理解当中。

这是索罗斯的独到之处，因为在此之前，财经界知道哲学对他们的研究有帮助，总是拿来作参考，但并没有深入探讨。而索罗斯则不同，他将哲学作为理解市场的重要依据，通过理念的延伸来对市场进行诠释、评估。他充分认知市场的谬误，步步为营，小心谨慎；在出现市场动荡时，他早就做好了准备；在大家得意扬扬时，他已经预见了市场崩盘的危机。

有的时候，将哲学与市场结合在一起思考的结果，绝对比生活中的经验更为真实。对社会的理解是一种哲学，在懂与不懂之间，只有意境上的不同。懂的人被尊称为“上人”，但不懂的人，可以耸耸肩，下次再想想。可是市场就很不同了。市场讲赚赔、论输赢，尤其在市场投资过程中会有痛苦，不是假痛苦，是真痛苦。人生就像是一个大市场，这个市场里的痛苦既真实又具体。这些痛苦是掩耳盗铃的结果，因为起点错误，在加强市场操控的情况下，真实必然会反映出这些错误。

索罗斯将认知与操控的理论，延伸到对市场的分析当中。原来，市场的结构与我们所认知的世界差不多，而所有人参与市场的目的，都是通过观察与分析做出判断，寻找在买卖之间赚钱的机会。问题是，金融这门与人的行为息息相关的学科，其操控的部分有时不一定来自认知，而是在背离事实的情况下做出的膨胀式操控。

“膨胀式操控”就是公司 A 兼并公司 B 后，以金融手段或融资贷款的方式，将公司 B 的股票做成膨胀式的价格，然后用这种膨胀式的价格做出公司利润，进行其他方式的市场操控。在这种情况中，基本面所代表的意义，已经完全变成一种操控的结果。这就是真实与虚假之间差距变大的谬误，而这个差距迟早会反映出来。这就是反身性理论的精义。

· 第四章 ·

成年时期：确立常识

你必须从动态的角度去思考市场的变化。

虽然这些思考依然不足以让我们充分理解市场，

但它们使我们与不做这些思考的人有根本的不同。

这些不同，就是索罗斯获利的关键。

· 人的知识是受限制的，所以我们需要常识

坦白地说，索罗斯的哲学很抽象，尤其是他的反身性理论。其实，这是一个有趣的理论，因为它并不难，而且索罗斯认为，这个理论在他的投资生涯中扮演了关键的角色（也就是使他致富的角色）。按照常理，反身性理论应该是所有投资者的最爱，但索罗斯自己都对投资大众的理解能力缺乏信心。其实答案很明显，就是投资大众对他的哲学理论没兴趣，只对他的“投资”有兴趣。

想要理解反身性理论，关键要先厘清知识与常识的先后关系。根据索罗斯的分析，不难看出他是从建构科学知识的过程中说明知识的用处与限制的。知识的用处在于，我们通过理论可以对外在世界有系统性的理解，可是我们必须知道“知识受限制”的常识源自“人是受限制的”。虽然我们生活在同一个世界中，但没有人有能力知道这个世界的本质究竟是什么。因此，人对于这个世界所做的描述，都是借由经验猜测的。虽然经验具有表面上的解释力，但知识追求的是真实，

而不是表象。

有一次在接受美国有线电视新闻网专访的时候，索罗斯脱口说出：“我赚了这么多钱的事实，证明市场是不完美的。我认知市场的不完美性，并充分利用了这个事实，这就是我富裕的理由。”许多想发财的人都会钻研索罗斯的投资理论，而他却把发财这件事说得这么容易，那么我们就必须问：“什么是市场的不完美性？”其实，说市场会出错，并不是什么高明的知识，而是类似我们日常的常识。如果不用常识性的观点看待反身性理论，那么我们就会治丝益棼，反而把一件简单的事情弄复杂了。

反身性理论是索罗斯用常识（不是知识）去解释市场结构的一种方式。这种方式最特殊的地方，就是它要求在实际情况中，要用实践的方式来检验市场的机制。因此，索罗斯所提出的反身性理论不是一个理论模型，而是一种在市场操作中应该持有的态度。比如，反身性理论提醒我们：要以“会出错”的态度谨慎面对市场。这也表示，市场不会像一般经济学家所说的那样，通过供给与需求的关系，自动维持均衡的状态，达到预测的结果。

我们要经常反思：市场在什么情况下出现了不确定的因素？同时，我们对市场的走向要随时保持警觉，因为市场就是一个完全无法准确预测的庞然大物。我们面对市场唯一能够做的，就是不断反思，并且观察那些希望市场完美的人的心态，在什么时间点导致市场运作的结果与实际状况差别越来越大。这个时间点就是市场反映这种心态是错误的时候。我相信，扭曲真实的结果是虚假必然被戳破，而这其实就是做人的道理，也就是常识。索罗斯在分析知识的结构之后告诉我们：在市场中，对于做判断，常识远比知识重要。

为什么常识比知识重要呢？难道受教育没有用吗？难道学术大师与常人无异吗？难道近两百年的启蒙没有带来进步吗？当然有用，学术大师当然有过人之处，启蒙确实让这个世界消除了蒙昧，但是，如果对于知识的建构过于自信，如果认为人定胜天，能够拥有完美的知识，确信市场可以自动达到均衡，人有能力规划未来的话，那么这些信念就有可能成为新的教条，忽略“人是受限制的”这个常识。

索罗斯承认，他致力于通过批判来追求真理，这是他一生坚持的信念，其中的核心是：我们无法获得终极真理。这句话有矛盾吗？在思维充满主观目的性的人类世界里，这句话的含义与在自然世界中的客观研究很不一样。在自然科学研究中，谎言是错误，但在政治、社会与经济环境中，不实的言论司空见惯，这是谁都知道的常识，但它却为知识领域所不容。知识讲求完美性，容不下道德上的杂质；可是在常识中，我们都知道，没有人是完美的。

关键是我们要如何从常识中学习做判断？索罗斯明确地说，这是从他一出生，父亲提瓦达给予他的家庭教育中的一部分，影响了他的一生。

在这种教育中，提瓦达告诉索罗斯，人算不如天算，人生中的际遇没有稳定的情况，只有不断的变化。在第一次世界大战中，提瓦达被俘，但在战俘营中，他因为办报而被选为战俘代表。他注意到，有人越狱，隔壁营的战俘代表被枪毙，因此他也带着部众逃亡。不幸的是，因为逃亡路线错误，他再度被捕，因此受困于莫斯科，晚了好几年回家。

回家后的提瓦达，虽然当了律师，但对讲逃亡故事给两个儿子听的兴趣远大于工作。提瓦达告诉儿子们，人生中需要随时做好准备，该变则变，因为许多日常遵循的规则在非常时期是不适用的。1944 年，当纳粹德国占领布达佩斯时，提瓦达变得异常活跃，贩卖假身份证，还帮助亲友逃脱拘捕。索罗斯曾说，这一段经历居然让他感觉因为帮助人而像天使一般快乐。

后来，匈牙利的情况越来越不好，于是索罗斯问他父亲，他应该去莫斯科，还是去伦敦见见世面？他父亲说："你应该去伦敦！"这是提瓦达对儿子多年教育后的一个决定，也是改变索罗斯一生的关键决定。

从此，独自奋斗的索罗斯奉"防患于未然"为圭臬，认为所有的事情都可能变得更糟，因而必须做好心理准备。这是防止更糟情况出现的不二选择。这也是为什么当在伦敦读书的索罗斯一接触到波普的证伪理论，便马上将这个理论与父亲的教诲结合在一起，对人类形成知识的历史提出深刻的批判。他的批判中心就是：不要误以为知识是完美的，而忘了常识的合理判断。

· 市场出现泡沫的必然性

索罗斯并不是要以常识取代知识，而是想要告诉我们：人的操控欲望必然会导致局面扭曲。

运用在家庭教育中培育的常识去面对人生，这可以说是老生常谈了，至于常识有用还是没有用，可以说因人而异，没有标准答案。于是，为了让人们注意哲学反思的价值，也为了向世人证明他提出的是真正有用的哲学，索罗斯决定向大家说明，他在市场上的成就来自对反身性理论与可错性哲学的理解。这种做法一定会引发所有市场参与者的注意，因为他们都有一个共同的目的——赚钱。

在大家都想赚钱的情况下，所有企图解释市场的人都知道，"如何赚钱这件事情"并不是由谁说了算，只有把握市场参与者集体意志下的趋势，提早看清趋势发展的人，在市场操作的过程中才能发现可乘之机。这是赚钱的道理，但问题是如何把握？事实上，光有道理还不够，必须能够清楚地把道理说出来，否则这跟迷信没有什么差别。

索罗斯努力的方向，就是把知识的可错性与常识的反身性结合在一起，并且通过对学院派哲学的批判，将这两个理念解释为一体之两面。

"反身性"经常出现在我们的日常生活中，可以说是俯拾皆是。常言道"纸包不住火"，就是这个道理。因为只要有违背常理的地方，就会出现令人诧异的改变。如果我们不以此为戒，一意孤行，那么必定会引发更加激烈的反扑情景。

可以说，这是做人做事的基本道理，不足为奇。也可以说，求新求变是进步的动力，屡屡做出惊人之举并坚持所作所为，并没有什么不好。甚至可以说，如果连到底什么是真实都不得而知，那又如何判断对错呢？在不知何为真、何为假的情况下，我们又要以什么作为标准来区别对错呢？

上述这段话是标准的诡辩，在哲学领域的讨论中屡见不鲜。这种诡辩之所以有力量，是因为它预设了一种“不可知论”，也就是因为我们没有办法知道何者为真，所以无论怎么说都对。这是哲学界所有人都知道的事情，不过索罗斯却找到了一条不同的途径，让他所讨论的事物不但有真假，而且还非常有说明力——这就是金融市场。

索罗斯说，反身性到处可见，的确不稀奇，但人在金融市场中容不得你说三道四，因为赚钱才是王道、赔钱带来痛苦的道理太明显了。其实金融市场中的反身性并不是一个经由推理所产生的概念，而是我们在认知世界中的常识。市场中的人喜欢将反身性解释为市场兴衰与必然出现泡沫的理由，但它的道理其实并没有那么复杂。

反身性的道理来自我们对知识的信心。对这种信心的培育，起源于历史上的启蒙时代（请见第三章）。从 18 世纪以来，我们逐渐针对知识养成了三种信念。

第一，我们的思维可以与思考的对象分离。

第二，理论所呈现的思考对象是固定的。

第三，我们建构的知识是完美的，并且具有自我调节的均衡能力。

虽然这三点都不正确，但经济理论很特别，因为它支持这三点。首先，思考与思考对象是相互影响的（而非分离的），就像生活中的各种处境与我们的抉择息息相关一般；其次，我们的思考对象是动态变化的（而非固定的），因为每一个思考对象都是先前思考过，并且是与更先前的思考对象互动的结果；第三，建构的知识不会是完美的，因为我们根本就不知道所谓的“知识”在未来是什么。至少，我们可以确定，知识是不可预期的。

整体而言，我们太过于相信理性的力量，却低估了情绪对我们造成的影响；虽然大家都希望理性主义决定一切，但事与愿违，有时候我们连为什么大多数人期待股市上涨，以及不愿意放空的情况都说不清楚。关键是，情绪主宰下的市场使我们对市场情况掌握不足，仍坚持“理论完美”的想法，认为市场可以无限制地被操控，结果只能等来市场出现泡沫。在观望氛围至为浓厚的金融市场中，出现泡沫的理由非常明显，就是获利的期望过高，让投资人误以为获利就是知识建构下的产物。

更要命的是，这些建构出来的知识，在一开始确实能够让投资人掌握一些赚钱的要领，于是在无限制的赚钱欲望驱动下，这些知识会被不断地沿用到不适用的范围，甚至以“扭曲真实”的方式维持理论的有效性。这种本末倒置的做法，必然会导致市场崩盘，也就是所谓的泡沫破灭。

索罗斯称这种必然性为“彼得原则”（Peter Principle）。有一个名叫彼得的人，因为能干而一直升官，直到有一天，被提拔到一个他无法胜任的职位，然后在职场上出了大纰漏。这个原则也是一个可以说明“可错性必定会发生”的原则。

在讲求牟利的金融市场里，这种错误会因为操控欲望的扩张而不断地发生。那么对于必然会发生错误的情况，我们是否就应当保持悲观的态度呢？答案是否定的，因为索罗斯认为：谬误是“肥沃”的！

·“肥沃”的谬误

索罗斯认为：谬误必然发生，但谬误是“肥沃”的。这是一句不好理解的话，谬误怎么会是“肥沃”的呢？提出这个问题很正常，因为我们在理解谬误的时候将“谬误”与“肥沃”这两个概念扁平化了。

在索罗斯的哲学中，谬误来自思想与真实的分离。在思想能够操控自然，并因而能够达到表面真实的时候，“操控信心”进入逐步累积的过程，结果表面真实与实际情况相距越来越远。这种分离现象的发展日益扩大，“操控心理”却逐步强化，最终必然会出现整体的崩坏。这是我们在前面描述过的内容，但在这一部分的内容中，我们最需要了解的是如下这个问题。

为什么在思想与真实分离之后，我们会出现这种信心累积的过程呢？答案就在我们求知的过程中。虽然我们并不知道真理究竟是什么，但是解释外在世界所建构的理论模型与系统，在初期确实具有相当程度的效果。例如，远古社会对日食与月食的预测，就是一个很好的例子。

“肥沃”谬误之一：被操控的世界，导致文化出现

古人在日常生活中对发生日食与月食会感到好奇，于是会通过观察日、月累积的经验，归纳出理论模型，预测日食与月食的发生时间。这在古代是一件了不得的事情，因为能够预测天象，代表国君拥有通天本领，政治权力自然得到巩固。为此，预测的准确性就建立在由观察经验而归纳出的理论模型之上。这些模型在短期内是有效的，甚至还会形成预测用的公式。

然而，毕竟这些公式是观察的结果，只能从“人的角度”去看日食与月食，却不能真实地解释它们发生的原因。所以，长期运用这些公式会出现谬误。那么，当我们用古代天文学为例说明谬误时，为什么说它是“肥沃”的呢？答案就是因为人类文明的发展，来自不断以有限的理性面对无限的宇宙。在探索浩瀚无限的宇宙中，最伟大的成就是预测天象，而令人感到最神奇的地方，莫过于准确预测天象。那么成功预测天象的人们，必然信心大增，自以为认知能力突飞猛进，想要进一步操控

世界上更多的事物。

因此，被操控的外在世界会得到进一步的规划、建构与转化。这些行动的结果，就是文化的产生，甚至是文明的起源。索罗斯认为，这就是所有文化诞生的原因。人类能够因此脱离蒙昧状态，并且在规划与建构中对自然进行转化，从而产生不同的文化。这是一个很重要的历史事实。虽然思想与真实之间的差别一旦到达极端，必然会发生谬误，但在发生谬误之前，思想对世界的改变导致文化出现这个事实，就是索罗斯所谓的第一种“肥沃”现象。

这也是我们因为改变世界而累积信心的阶段。关键是，在索罗斯的动态哲学中，这个阶段是变化发展的，也是持续的。在这个持续的变化发展过程中，信心的累积只是因为短时间有效而实现的，但若长期持续地操控自然，最终会到达思想与真实极端偏差的地步。这个时候出现的谬误，也就产生第二种“肥沃”现象。

“肥沃”谬误之二：泡沫是想得到的幸福

索罗斯认为，思想在规划世界的过程中，虽然一直不断以理念改变世界，但在认知与操控的相互运作上，这种发生谬误的可能性因为应用于不同学科而逐渐增加。我们一般认为学科有三大类：自然科学、社会科学与财经科学。

自然科学的研究对象是固定的，例如物理现象、化学现象与生物现象。人类针对这些研究对象设计理论，进行解释与认知。自然科学的成就斐然，改变了世界。社会科学的研究对象就是理论，而人类针对这些由思想所建构的理论，在理论之上完善思想，让理论可以相互比较、修正与进步。不过，社会科学的进步有限。财经科学的研究对象则受限于赚钱的理论模型，人们在这些模型之上所增加的是——在不赚钱的时候，对原有模型进行修正、改变，甚至以新的理论取而代之。

很明显，这三种科学研究对象的本质，是区别它们的关键。严格地讲，这三种科学研究对象都不是固定的，比如在自然科学中，基于经验所观察到的自然现象可能因为人为理论的干预而出现“假设存在”的现象。最明显的就是当代物理学的量子现象，这种纯理论化的现象，说明量子的存在与否是不能脱离理论的，而人就是设计与发明理论的主体。

社会科学的研究对象相较自然科学就更不稳定了，因为社会科学以构成思想的理论为主，而理论是有观点的。当我们谈论以社会为主的政治科学的时候，我们不会认为政治科学的研究对象是像物理学那样完全中立的客观事物。政治科学需要假设“起点”，例如，社会是一切政治现象的来源。人们通过这个起点进一步发展系统理论。

在政治科学中，这个起点是假设社会是一个包含所有人的整体。因此，这些人的好坏、得失，都是我们思考政治问题的背景。那么，在这样的背景中（社会中）的好处，就应该由社会中所有人共同享有。像索罗斯这样的人，如果生活在以社会为主的政治科学环境中，那么他可能就没有办法施展他的能力，赚不了这么多的钱。这也解释了为什么索罗斯要不断地从不自由的环境中移居到讲求个人自由的地方。

而财经科学本身就是一个令人颇感诧异的名词，原因就是财经讲的是财务经历，其实就是理财与赚钱的领域。这个领域是以行为甚至是本能为主的，怎么会成为一门学问，更遑论是科学的呢？答案正在这里，因为科学方法的沿用，让我们可以基于经验，通过理论的建构，对所有的经济现象进行系统性的理解。简单来讲，我们通过科学方法的应用，可以将理财与赚钱的经验转换成系统性的理解。这种理解就是财经科学的主要内容。

财经科学同样具有索罗斯所指出的两种发生谬误的可能性，也就是可错性与反身性，只是更为明显一些。为什么更为明显呢？因为在将财务经历转换成科学的过程中，任何成功的财经原则必然都是获取利润的窍门。而在人人都想利润最大化的情况下，财经科学非常倾向于将赚钱的成功案例转换成深度操控的对象。

一个有名的例子是经济学中的供需理论。这个理论说，市场的效率是由供给与需求之间的均衡达成的。这是无误的知识，因为市场就像一只看不见的手，操控人心，让买卖双方在价格上获得最大的效益。供需之间自动达成均衡，并使我们明白，赚钱的原则就是在最高的效率中提供市场所需要的东西。因此，一个懂得供需理论的人，应当事先做规划，提早知道市场的需求在哪里；而提供货物的人，也必须知道什么是市场所需求的。这就是我们公认的完美的经济理论，也是所有的政府体制与经济制度想要维持的理论。

问题是，在维持供需理论的过程中，政府不但有置喙的空间，甚至有操控的可能。中央银行所主导的货币政策就是一个例子。在资本市场中，货币与货物之间的价格，是有可能通过政策进行调整的。市场的需求必然因为资金的充沛而增加，同时，因为资金是货币，所以中央银行可以通过降低利率的方式，让资金充沛地流入市场。

很明显，这是目前正在发生的事情，其实也是市场长期不断出现的现象。这些现象的结果，当然就是市场一次又一次地面对资产泡沫，以及市场崩盘。我们在这里说的“当然”这两个字，讲的就是索罗斯所谓的反身性。索罗斯强调，反身性这个概念，并不同于市场里一次又一次出现的泡沫或崩盘。原因就是，市场发生崩盘的记录，代表市场过去的历史，反身性就是常识性的概念——过度操控市场必然会因为背离事实，导致意想不到的灾难。

在财经领域，这个灾难就是所谓的“黑天鹅”。泡沫与黑天鹅都是比喻式的说明，但两者的定义很不同。泡沫是市场操作不当的结果，我们必须承受，而“黑天鹅”则是我们压根儿没想到的灾难。“黑天鹅”这个概念很有趣，因为它在一般人的心中必然是想不到的灾难，而不会是“想得到的幸福”。在这个定义中，如果有可能想得到，或者比别人早一步想到要如何避险的话，那么这就是另一种“肥沃”，即索罗斯所指出谬误中的第二种“肥沃”。

从牟利角度来讲，我们知道，发现市场被过度操控的目的，就是在意想不到的灾难发生前提高警觉，提前做好避险的准备。如果不是用一整套哲学去理解这个道理，单单提前避险，实践一般人称为“高处不胜寒”的常识，那么“提前避险”根本就是一句废话。索罗斯哲学的重点，在于减小“黑天鹅”带来的意想不到的危害。它让我们明白，在市场的变化中，我们可以在事前察觉一些蛛丝马迹。

索罗斯的哲学系统，不但让人明白避险的必要性，而且鼓励人们勇敢面对挑战。在他的理解中，自由经济的均衡性根本是不可能实现的，因为供给与需求之间，不但不会达到最高的效率，还会因为政治、社会甚至文化等其他因素的干预，产生强烈介入的效应。操控市场加上中央银行货币政策的引导，这一连串因为政策所造成的现象，就是最明显的例子。

我并不是说理解市场中的非经济因素就足以预测市场的走向。我不认同这个观念，不只是因为非经济因素太难掌握。我想强调的是，理解影响市场的多元因素，尤其是否认市场完美的想法，确立不同于一般人看法的观念，让我们有更多的理由从动态的角度思考市场的变化。虽然这些思考依然不足以让我们充分理解市场，但它们使我们与不做这些思考的人有根本的不同。这些不同，就是索罗斯获利的关键。

“肥沃”谬误之三：不怕出错，随时准备修正错误

谬误还具有第三种“肥沃”，这与索罗斯的哲学思想息息相关。索罗斯哲学的特色，就是它里里外外都强调负面理性。负面理性是一种很特殊的思维方式，因为它不符合一般人的期待。我们讨厌唱反调的人，喜欢啥事都没有个人看法、迎合大家意见的人。然而，这却是索罗斯与众不同的地方，他得到波普真传的关键也在这里。他不但偏好负面理性，认识到可错性，而且认为在人生中不怕出错是一件很重要的事情。

不怕出错，几乎可以说是索罗斯的座右铭，因为对他而言，这就是人生的关键常识。在波普哲学的影响下，这个常识已成为索罗斯的人生原则。索罗斯认为我们不但应当以批判的态度面对人生中的大小事，而且需要在容易出现不确定性的地方，例如财经领域，发扬主动批判的精神，提前察觉可能出现的谬误。面对谬误，我们既要处之泰然，也要认识到错误具有督促我们修正原有行事方式的意义，因而它是“肥沃”的。

索罗斯哲学的关键在于：我们所理解的世界并不是真实的世界，而是我们企图去理解世界的结果。例如，当我们说到市场的时候，无论这个市场运作得多么符合我们的期待、多么有效率、多么完美，这也不表示市场真如我们所想象的那样；即使存在那样的市场，我们也不可能以完美的方式理解什么是市场。因此，当我们说市场并不真实的时候，我们要表达的正是一种鼓励尝试错误的态度。

以尝试的态度去理解市场并不能确保我们真正知道市场是什么，但在不排除会出现错误的情况下，如此行动的人反而是真正能较好地理解市场的人，因为他就是随时准备修正错误的人。基于这个理由，索罗斯在他的著作中不断地强调：市场中的获利者一定要训练自己，做一个跟别人不同的人。这里所谓的不同，并不是盲目地与他人区隔，而是在确认市场的可错性、反身性和不确定性的情况下，不断地修正立场，注意情势发展，保持警觉。

为什么泡沫一定会来临呢？因为绝大多数的人认为市场的供给与需求之间会呈现出一种自然均衡的完美状态。所以，只要修正状态不完美的地方，理论就还是完美的，能够为我们带来均衡的市场。每当在这种理解得到几次成功预测的时候，理解的结果就会根深蒂固地占据绝大多数投资人的头脑，使他们错误地以为这些理解就是真正的市场结构。这些人甚至认为，这种能够掌握市场的理解是一种启蒙式的思维。这就是让索罗斯发现机会的地方，凭借结合知识与常识的观念，不断施展他在市场中赚钱的能力。

索罗斯认为，谬误是“肥沃”的，这里“肥沃”两字的内涵是很丰富的。“肥沃”的谬误让人以为建构出来的真实可以被充分应用，直到谬误发生为止。在人类历史中，这种“信以为真”的信心不断带来各种自以为是的“启蒙”，也确实创造了人类的文明，这不容我们否定。我们要否定的是，在财经市场中因建构理论的成就感而引发的操控欲望。

当这种欲望与牟利结合时，谬误必然会因为扭曲真实而发生。索罗斯的反身性理论就是指出泡沫必然出现的理由。在一般思维中，许多自我感觉良好的人会信赖自己建构的理论，但市场参与者必须在赚钱的意愿中面对自己的错误。

接下来，我们来看索罗斯如何发挥知识与常识结合的作用，凭借不寻常的见识，施展他的“金融炼金术”。

·第五章·

壮年时期：发挥见识

1985 年 8 月 16 日，

索罗斯通过杠杆大举买进马克、日元与英镑，

总金额高达 7.2 亿美元，

同时加码放空美元。

一个多月后，

这种见识让他成了全世界最有眼光的投资人。

· 赚钱见识——洞烛先机的体察能力

所谓“见识”，英文是“insight”，若翻译成中文，也可以理解成一种洞烛先机的体察能力。这是一种综合人生经验所累积的能力。在索罗斯 30 多岁时，这种能力已经在胆识、知识与常识的培育过程中，呼之欲出。

索罗斯在不平凡的时代成长，培育了胆识。在第二次世界大战之后的伦敦，他跟随哲学大师波普在伦敦政治经济学院学习科学方法，获得了知识。在学习知识之后，他对个人进行了反省，重新认识到了常识在生活中的影响。

万事俱备，只欠东风，索罗斯思想准备充分，只是少了运用这些能力的机会。非常吊诡的是，这“东风不来”的理由，竟然是他对哲学情有独钟，无法忘怀，从而使他一直专注于哲学理论，却没有应用这些理论的机会，尤其是一直没有在金融市场中实战的经验。

索罗斯在 1954 年取得哲学硕士学位的时候，成绩一般，算不上哲学天才。但他不承认自己的哲学能力不行，还想继续尝试撰写博士论文。之后为了生计，索罗斯曾经一度在威尔士北部贩卖皮包。迫于收入过低，为了改善生活，他大胆地写信给当时伦敦金融中心所有的投资机构，自我推荐，愿意担任任何层级的交易员。但因为没有社会关系，结果都石沉大海，最终索罗斯在一家同样是匈牙利移民开设的交易所找到了工作。

在这家公司中，索罗斯很快崭露头角，展现了自己的投资才华，并于 1956 年应聘来到纽约。当时，在纽约工作的索罗斯在想，华尔街工作的经历，加上赚到的钱，足够让他舒服地做一个不愁衣食的哲学家了。的确，索罗斯计划在纽约修改完善他早年完成的哲学博士论文，题目是《意识的负担》，但他发现了自己论文的不足之处，也认识到自己在这方面难以再有进步。于是，索罗斯决定放下哲学研究，专心从事金融交易。这个决定让他改写了世界财经的历史。

从绩效报告验证哲学理论

索罗斯的投资才华引人瞩目。到 1967 年，他已经是一家专做欧洲股市的知名投资公司的首席分析师。事实上，从 1966 年起，索罗斯就开始进军美国股票市场。在投资股票的过程中，他应用了哲学中的证伪理论，将公司的 10 万美元拆分成 16 个部分，然后选择几只他觉得中意的股票进行投资。他翔实地记录了选择这几只股票的理由，然后继续追踪每个月的报告，不断分析投资的依据。他每个月写一篇绩效报告，并将这些记录与绩效报告转寄给体制内的投资分析师作参考。这些报告尤其是其中对哲学方法的应用得到了很多人的关注。

对于当时千方百计想要挤入美国主流财经分析社群的索罗斯来说，这是一个非常有效的做法。虽然这是一种大胆的尝试，但索罗斯当时的想法是，只要他的报告受到任何一名证券分析师的青睐，就说明华尔街的财经社群中有人接纳他的理论，试着理解并引用他在这些报告中所记录的获利性。索罗斯一直想检验他的哲学理论，因此这无疑是一次大好良机，因为以往手上只有哲学理论，他只能算是纸上谈兵，而现在用赚钱的标准来检验理论，可以说非常符合波普所谓的证伪理论。

证伪理论告诉索罗斯一个事实：如果得到其他证券分析师的正面回应，虽然这并不足以说明他的理论为真，但至少就现状而言，这是一种鼓励。同样，如果他得到了负面的回应，他就必须严肃对待，质疑自己。

索罗斯举过一个非常具体的例子。有一次，当他从某公司的管理层那里听到一种完美的管理经验时，索罗斯立即将这种经验告诉他的投资客户，而这位客户从容地告诉他，这的确是一种很好的管理经验，但是不要忘了，“管理层人士都是恶名昭彰的说谎者”。这句话立刻把索罗斯拉回到现实中，他知道他误信谎言了。

反身性理论的滚利三部曲：直觉、趋势、杠杆

在尝试错误的经验当中，索罗斯养成了相信自己的习惯。因为他极

其自信，所以他在投资事业上非常成功。1968 年，索罗斯成立了专做货运界股票的基金，叫作“首鹰基金”（First Eagle Fund）。次年，也就是 1969 年，索罗斯以 400 万美元成立了他的第一只私募基金，叫作“双鹰基金”（Double Eagle Fund）。1973 年，“双鹰基金”改名为“索罗斯基金”，也就是后来赫赫有名的“量子基金”的前身，资本额约 1200 万美元。

在索罗斯的名著《金融炼金术》里，有一段知名投资人保罗·都铎·琼斯（Paul T. Jones）为其写的序。其中，琼斯说：“索罗斯在 1968 年到 1993 年间，以量子基金经理人的身份，创下历史性的投资纪录，在这么长的一段时间里，他获利的概率是四亿七千三百万分之一。”

我不知道琼斯是怎么计算出这个数字的，但是量子基金的确创下了有史以来的获利纪录。如果你从 1969 年开始，在量子基金中投资 100 美元，从不赎回，反复投资，那么到 1995 年的时候，你的 100 美元已经变成 200 万美元。

任何人听到这个数字都会忍不住想问：索罗斯是怎么做到的呢？对于这个问题，索罗斯的回答很直接，大致有两方面：一是大胆看清楚趋势，然后利用杠杆提高买卖体量；二是充分运用反身性理论，在完美知识假象下，注意人为干预的情况，然后找出其他人配合这些干预时出现的获利机会，进而放空这些机会，让谬误成为“肥沃”的发财良机。

在看清趋势方面，索罗斯从不讳言，他依靠的是直觉，简化投资策略，不相信规避风险是用理论可以计算出来的。为了简化投资布局，他极少做选择权交易。他坦承，在财经学术圈中，他是个外行人，不懂新奇的学术理论。然而，这并不妨碍他在投资领域中发挥直觉的作用。

索罗斯设计了一个以杠杆为主的三层投资结构，分别针对股票、债券与外汇进行操作。他在股、债、汇这三个市场中，大量运用比例不同的杠杆，然后选择看空或看多的趋势，配合不同资产的分配，让这三层交易彼此之间相互增加获利与避险的空间。在直觉判断下，索罗斯只需要两天的上涨与下跌，就能够大致确定基金的投资体量是否恰当。

在应用反身性理论的投资上，索罗斯充分运用其常识带给他的判断能力，通过非财经因素做判断，从而让他经常做出先人一步的决策。比如，1973 年美国政府发现，埃及在战争中采用的苏联制武器表现出色。于是，美国政府说服国会增加预算，提升武器品质。索罗斯嗅到国防产业增资、增量的气息，立即大举买下洛克希德·马丁这家军火公司的股票。

索罗斯另一次成功的投资发生在他去瑞士滑雪的途中。当索罗斯在阅读《金融时报》时得知，英国政府准备为劳斯莱斯公司纾困，他立即下令基金同人买进英国的债券。索罗斯的投资策略以直觉为本，手法快、狠、准。他一旦做了投资决定，毫不迟疑，立即下手，绝对不让其他人有机会。"先下手投资，再研究细节"，他的这句名言正说明他的投资策略与一般人非常不同。

错误的市场信念，反映出 100%的放空绩效

除了在技术上进行他自己所创的三层联动架构之外，索罗斯还一直用他对政治的判断，辅助自己看清市场的趋势。例如，从 20 世纪 60 年代末期开始，公司经营集团化的趋势越来越明显，让索罗斯看到人为干预下的转变。战争让美国的国防高科技公司的经理人发现，为求永续生存，最佳策略就是合并一般公司，让公司集团化，尤其是并购那些基本面不错的公司。

并购可以让公司账目上的利润增加，股票价格因此上扬，公司的市盈率更好看。于是并购风潮四起，连最普通的公司都能够取得亮丽的营运绩效。到了后来，一家公司只要承诺采用并购策略，就能够获得令人满意的利润。为什么会这样呢？为什么并购取代了公司的基本营运，成为公司获利的不二选择呢？

这是因为新的会计法规让并购后的公司不仅可以处置资产，还可以维持营运，追求获利，导致并购本身促进股价上涨。这个做账方式让投资者蜂拥而至，将集团的股票视为投资标的，同时也出现一群专门炒作集团股票的投资人与集团的经理人合作。在基金管理人的媒合下，集团的股票成为炒作的对象，而这种现象让索罗斯发现了应用反身性理论的

大好时机。

索罗斯说过，集团的景气建立在如下的错误信念上：无论公司是怎么经营的，如何苦干实干，有无成长的前景都不重要，因为公司的价值建立在财务报表中的每股盈利上。集团经理人充分利用这个错误信念，以超估的股票价格，继续并购其他公司，进一步拉抬股价。索罗斯说：“如果投资人理解反身性理论，并且承认获利增长是来自超估的股价的话，那么这个错误信念根本就不会出现。”

关键就在这里，因为反身性所针对的现象，并不是面临崩盘的风险，而是沉迷于完美架构中所导致的必然结果。所以，当有人渐渐发觉这个信念有错误的时候，其他人却依然乐此不疲地享受并购所带来的热络景气，进而导致并购的数额与野心越来越大，直到最后无法持续下去。这时无法持续的并购风潮导致公司的股价下滑，而且产生联动效应，让原先被掩盖着的问题一一现形。集团的获利状况其实奇差无比，投资人因此感到极度失望，经理人却无能为力，结果就是：好景不长，很快进入寒冬，集团被迫瓦解。

这是一个反身性理论的应用，其中最具体的案例就是房贷信托投资公司。房贷信托投资是一项特殊的事业，在美国的相关规定中，只要公司发放超过95%的股利给投资人，那么就不用缴纳公司税。1969年，开始有人注意到这条法律的可获利性，纷纷成立房贷信托公司。其中，刚在财经界崭露头角的“双鹰基金”操作人索罗斯，就是最积极的房贷信托投资人。索罗斯很快发现，这是市场中典型的大起大落的案例，并且为此写了一篇研究报告。

在这篇报告中，他指出："传统证券投资分析的理由并不适用，因为在法律的影响下，房贷信托的投机气氛浓厚，不同于我们一般习惯的价格评估理论。一般而言，分析师会预估未来获利情况，建议投资人购买股票的价格，但是在房贷信托中，投资人今天愿意付出的价格，本身就是未来获利的结果。"换而言之，今天的价格与未来的获利不但是联动的，而且还会产生相辅相成的连锁效应。这个效应是涨跌双面的，也就是说，房贷信托必然是联动股价大起或大落的。

在索罗斯的报告中，他用四个部分来解释这种必然发生的泡沫。首先，高估房贷信托的股价。然后，经理人说明为什么被高估的股票价格为真，因而发行更多的股票。接着，大批追逐利益的人纷纷模仿这个以股票换钞票的步骤。最后，以崩盘收场。

这篇报告问世之际，许多经理人已经有了集团公司泡沫化的惨痛经历。因此，当他们看懂这篇报告中介绍的正向连锁反应的时候，一方面明白了反身性的可怕，另一方面又急于找到新的投资机会。因此，他们在假设"完美知识存在"的情况下，认定房贷信托会以上涨的方式延续获利的空间。事实上，情况的确如此，在那个比较少人经营房贷信托的时候，大家对房贷信托的股票趋之若鹜，让其股价在一个月中几乎上涨了一倍。

需求产生供给，因此大量的房贷信托公司如雨后春笋一般成立。当大家发现，房贷信托公司的数量可以无限制地增加时，其股价开始下滑。在这种情况下，索罗斯马上察觉到了“放空房贷信托股票”即将成为新的趋势。但这还不是最关键的地方，最重要的是，这一切的发展是完全按照索罗斯的“剧本”上演的，尤其是投资人与股票价格的连锁反应。索罗斯的报告受到极大的肯定，他本人也大量投资房贷信托的股票，这个时候，他施展赚钱能力的机会来了。

根据索罗斯的预判，房贷信托的股票确实大涨，而且维持了一段相当长的时间。在发现市场开始向下修正的时候，索罗斯陶醉于自己成功的报告，手中依然持有大量的房贷信托股票。这个时候，他处变不惊，甚至反向操作，继续加码，并且在仔细观察房贷投资市场一年之后，才决定脱手所有跟其有关的股票，大赚了一笔。

获利后，索罗斯与房贷信托业者停止来往。直到几年后，房贷信托的泡沫逐渐浮现，在这种情况下，索罗斯拿出他当年写的报告重新阅读。他发现，此时反身性理论完全用得上！于是他决定大幅度卖空，反向操作引发连锁效应，以造成股市动荡为目的。索罗斯不但放空房贷信托的股票，而且连其他股票都一起放空，许多房贷公司因此倒闭，而索罗斯放空获利的绩效竟然是100%。

1978年，为了避免过度招摇，加上偏好“量子力学”中的“测不准定律”，索罗斯将其基金的名称从“索罗斯基金”改为“量子基金”。从此，这个绩效奇佳、名满财经世界的基金，成了闻名遐迩的摇钱树，基金规模累计将近 4 亿美元。20 世纪 70 年代，索罗斯将原有基金的资产整整扩大 100 倍。1984 年 6 月，国际知名财经杂志《机构投资者》（*Institutional Investor*）称索罗斯为“全球最伟大的资金管理人”。但是，伴随着这个令人得意的称谓而来的，却是他人生的挫折感，因为在追逐金钱的游戏中，索罗斯并不快乐。

对于任何人而言，市场的操作都是情绪与智慧的折磨，索罗斯当然也不例外。背部的疼痛不断地提醒他体力的极限。基金事业耗尽他所有心智这一事实，让他觉得自己内心中有一个操作基金的“拳击手”，不断在市场这个“拳击场”上被要求获胜。这种身心俱疲的状况，使得索罗斯的脑海中充斥着想要休息的念头。在索罗斯正感疲惫之际，偏偏量子基金的合伙人、投资名人詹姆斯·罗杰斯（Jim Rogers）开除了公司的年轻职员。此举打乱了索罗斯打算培养年轻人的计划，他的怒火由此爆发了。

罗杰斯开除年轻人的决定，破坏了索罗斯原先想要培养年轻人接班的计划。于是，在愤怒之下，索罗斯决定于 1981 年与罗杰斯散伙，自己单独经营量子基金。但是这时基金的投资绩效已经大幅下滑，1980 年 100% 的获利纪录，次年就下滑了 23%，这也成为量子基金有史以来获利最差的纪录。身心俱疲的索罗斯决定暂时退休。

1984 年，已退休三年的索罗斯复出。他复出后的精神状态很好，可以说整个人焕然一新。同时，他采取了一个新的投资策略，并从 1985 年开始记录他对每次投资的思考与策略。1987 年，索罗斯将这些记录出版成书，取名《金融炼金术》。

·“金融炼金术”——以哲学吞噬巨富的即时实验

《金融炼金术》这本书是索罗斯最重要的哲学成就之一。在此书出版之前，很少有人理解哲学对人生的应用价值，最多也只不过在人生意义的追求上，哲学能稍做一点安身立命的慰藉。但是这本书很不同，因为这是索罗斯在壮年危机之后，重新出发，再拾投资事业时对人生的反省，记录了这段他将哲学应用于投资的过程。

1981 年，饱受身心煎熬的索罗斯，暂别了他引以为豪的投资事业。休息三年之后，当口腔医生成功将其口腔内的结石取出的时候，索罗斯有了新的体悟。结石瞬间因为氧化而成为粉末的过程，给了索罗斯很大的启示，并有了疑问：生理上的疼痛解决了，但心灵上的折磨要靠什么来解决呢？

这个时候，爱好哲学思考的索罗斯发现，如果能够想出一种方法，让他的哲学思想与他擅长的投资策略结合在一起的话，他不就可以知道他钟爱的哲学到底有没有用处了吗？于是，兴奋的索罗斯决定以反身性理论为基础写一本书，详细记录他在投资过程中的决策方式。

索罗斯自称，他在这本书中运用的写作方法是“即时实验”（Real-Time Experiment）。这种方法旨在通过自我反思将投资的决策过程一五一十地记录下来，让记录的结果受到决策结果的影响之后得到修正，然后再进一步分析修正的理由与要素。

因为与市场直接相关，所以这种写作方法显得非常烦琐：记录投资人在面对选择时因为紧张与压力，以至于决策经常反反复复的过程，并说明反复决策的过程发生之理由。参酌这些巨细无遗的理由之后，索罗斯想要说明的重点是：在投资策略的动态发展过程中，每次他所面对的新情况都是前一个策略导致的结果。

这种即时实验可以让读者身临其境，不会因事后绩效产生的结果影响判断，尤其是避免了因受事后的结果影响而反过来评价其原先决定的情况。

成功的策略，来自“策略”与“结果”撞击的动态过程

索罗斯撰写《金融炼金术》的主要目的有两点。第一，他想说明，反身性理论所带来的认知足以让我们承认，“我们思考的市场”与“我们必须面对的市场”是紧密结合在一起的。第二，他要强调，即时实验是“炼金术”的实验，而不是科学实验。因为科学实验讲求“用结果验证理论”，也就是说，做实验的人对结果只能采取静观其变的态度，然后再依照结果检验理论的对错。“炼金术”则刚好相反。“炼金术”强调，“预

期的结果就是实验的一部分”，就如同以前的江湖术士通过实验手法炼出金子。当然，乍听之下，一般受科学影响的人都会觉得这个想法很荒唐。

但索罗斯认为，“炼金术”就是每一个人在金融投资中的梦想，所以在没有事后偏见的情况下，他要做的事情只有一件，就是让大家知道，“金融炼金术”是可能实现的梦想。如果我们单单从事后的绩效来看，可以证实量子基金的投资策略是极为成功的。这种成功很特别，因为在满足投资人的梦想之外，让这个投资策略成功的基础，居然是一个不能用科学标准证实的理论。

换而言之，在制定投资策略的过程中，真正主导投资策略的是反身性理论中让“策略”与“结果”不断相互影响的动态过程。这个过程无法归属于科学知识范畴的理由是，当科学实验以静态的方式去检验结果时，索罗斯的即时实验却认定，只有通过“见识”来做出当下判断，并且没有一成不变的决策程式。反身性理论及其所拥有的动态检验方式，是让获利成为可能的关键，也是逼迫甚至转变自己的思考训练。这个训练的成果，就是在 15 个月的时间内，索罗斯得到了 114%的获利。索罗斯开玩笑说，这或许是有史以来写一本书获得的最高版税。

《金融炼金术》是索罗斯在思想与获利上的黄金结合。此书于 1987 年 5 月出版后，受到了许多年轻的私募基金投资人的推崇。其中最有名的，是后来为本书再版时作序的保罗·都铎·琼斯。琼斯对这本书很欣赏，还要求他那家知名的投资公司——都铎投资（Tudor Investment）

的所有员工都必须阅读这本书。除此之外，琼斯还在这本书再版的序言中借用第二次世界大战时美国巴顿将军为了打败德国名将隆美尔，反复阅读隆美尔的军事著作之后说的名言，写道：索罗斯你小心，我读了你的书！

这个时候，索罗斯已经因为投资上的成功而成为财经界的名人，如同传奇人物一般。那么他这本书的神奇之处又在哪里呢？

索罗斯通过自我反思以形成投资策略的过程中，有三个方面是成功的关键，即：反身性理论的运用，精准地以货币作为投资的标的，以及对非经济因素（例如政治）决定经济走势的掌握。这三个方面环环相扣，形成一个整体，其中反身性理论提供了看法，货币是证实这个看法的实验对象，而对于政治形势的把握是这个即时实验获取成果的重要讯号。

在写作《金融炼金术》的过程中，索罗斯不断运用“新范式”的概念，形容反身性理论在投资上所发挥的作用。为什么是新的范式呢？原因是，旧的范式需要被取代，而取代的理由是，在旧范式中投资行为假设了理论的完美性。新范式就是反身性理论，而这个理论最特别的地方在于，它强调理论的不完美性。相对于旧范式肯定供需平衡的完美架构，反身性理论着眼于市场中的不确定性，而且认为财经市场中大多数人在大多数的时间里都在犯错。有趣的是，这些错误来自旧范式，也就是那个大多数人认为财经理论是完美的架构。

完美财经理论的支持者相信，自由市场中存在一只看不见的手，这只手在暗处会让市场以最高效率的供需均衡的状态发展，以至于我们经常认为，市场因为具有“自我调节”功能，所以永远是正确的。索罗斯认为这是财经市场上错误发生的根源，因为这个理论忽略了一个事实，那就是在财经市场中决策与结果不仅是联动的，而且决策与结果联动出现的改变具有一种自我肯定的效果。这种效果让错误程度加大的同时，还让制造错误的人误以为理论具有自我纠正的功能。这种错觉是人们认为理论完美的理由，但这也是没办法的事，因为若不靠理论去理解市场，我们还能依靠什么呢？

索罗斯认为，我们应该抛弃旧范式，采用一种以“负面思维”为主的理论，即反身性理论。当旧范式相信理论能够提供完美、静态、均衡的市场秩序时，新范式的反身性理论坚持市场本身是有谬误的、动态的，并朝泡沫发展。所以，当一般理论强调市场可以被建构的时候，反身性理论则自动升了一级，认为市场就是完美理论所建构的结果。然而，因为多数人误解了市场的本质，所以在这个建构过程中必然出现错误。

财经市场的本质就是贪婪的缩影，而获利的欲望则蒙蔽了我们，使我们看不到市场运作的真正推手。这导致市场参与者从“误以为完美理论的角度”看待市场。为了避免面对现实，他们总是做出自我安慰式的解释，而这些解释又再度使得相信市场是完美的人陷入更深的危机。

举例来说，这就像一个穿着黑衣的人，在黑夜中千方百计想要抓住一只黑猫。他无法知道他即将抓住的到底是什么。他只能全凭想象，甚至以为任何毛茸茸的东西就是猫。

反身性理论的作用就是告诉大家：不要心存侥幸！即使抓到了这只猫，你也无法判断它是否的确是一只黑猫。你唯一能够做的事情就是，做好准备，一旦打开灯的时候，眼前的黑暗就会消失。

索罗斯的反身性理论就等着开灯的这一刻，因为他知道，根本就没有黑猫。但别人可不这么想。正好相反，有人兴高采烈地宣布抓到黑猫了。“在这里抓到了，在那里抓到了，到处都抓到黑猫了！”

于是，大家都很兴奋，七嘴八舌地解释抓猫的技巧，分享抓猫的经验，宣布抓到了很多只黑猫……还有人建议，应该开个派对庆祝一下，接着开始有人购买养猫的笼子、饲料，甚至还为猫准备了过冬穿的保暖衣。

索罗斯认为，鼓动这些行为的情绪，就是一种“金融炼金术”。而打开灯的那一刹那，就是真相大白、一切归零的时刻。这是反身性理论得出的结果，也就是戳破泡沫的时刻。

越是有效的调控，越容易引发泡沫危机

索罗斯的投资见识——就是尽量去评估泡沫发生的时机。这个评估是最难的，却也是实现获利最大化的技巧。关键是，获利点的出现必然来自两种相反力量：一方面，相信旧范式的人依然看好市场具有自我调

节的功能；另一方面，应用反身性理论的人会注意市场动态发展过程中那些执迷不悟者所做的决策。这些决策依然会让市场维持一段时间的多头走势，因为市场的投机心理会带来一种滚雪球的效应。

雪球在往下坡滚动的时候，会越滚越大，越滚越快，最后来到平地时，依靠惯性还能够滚动一段距离。滚雪球的比喻很清楚地说明，为什么索罗斯认为形容财经市场最好的方式就是从历史过程的角度看待市场。答案很明显，就是无论雪球滚到哪里，那里的环境就会塑造出雪球的全新面貌。譬如，如果坡度很陡峭，满地都是雪，那么雪球就会滚得又急又大。反之，如果坡度平缓，地上雪又不多时，那么雪球滚动的速度就会放慢，雪球虽不会变小，但也大不了多少。

因此，所谓的“历史过程”，讲的就是每一种情况都会决定雪球滚动的速度与雪球的大小。由于这个过程中的每一阶段都会决定雪球的状态，因此索罗斯才会在《金融炼金术》中采用“即时实验”这种方法，记录财经市场中瞬息万变的过程。雪球不可能永远滚动，因为它终有在平地上停下来的时候。同样，市场不可能一直都蓬勃发展，因为它总有供给大于需求的时候。市场在什么时候会进入衰退期，这才是最关键的。其实，仅仅知道市场会衰退并不稀奇，因为这是常识，重点是预测衰退的时机。要做出这个预测，就需要先理解反身性理论。

明白雪球滚动道理的人都知道，快速滚动的雪球从下坡来到平地的时候，还会继续滚动一段距离，甚至还会因为重力加速度滚得更快。关键是，在衰败迹象显现的时候，相信旧范式的人与相信反身性理论的人会针对相同的现象，做出截然不同的判断。

相信旧范式的人会以为，雪球滚动的速度是可以控制的，因此当他看到雪球滚动速度放缓时，就会想到人为地制造下坡，加快速度。反之亦然，若雪球滚动速度过快时，他会想到调整坡度，让雪球滚动的速度变慢。总之，想控制速度的人认为，雪球滚动的速度可以维持在一定范围之内。

这里的“人”，就是财经市场中代表政府控制该国货币发行的中央银行。加快速度，就是提供刺激经济的方案；减缓速度，就是放缓过热的经济发展。所有国家都有中央银行，它们都有相同的目的，就是在“刺激”和“放缓”之间做选择。事实上，它们只有一个选择，就是相信中央银行对经济发展能发挥宏观调控的作用。

中央银行将经济情势维持在繁荣景气的范围之内，控制任何想超出这个范围的动力。这种理解会出现意想不到的结果，就是短期的调控必然有效，但长期来看一定会走向泡沫。“调控”与“泡沫”这两个相对的概念，反而成为一体之两面。结果越是有效的调控，越容易引发泡沫危机，而为了避免泡沫出现，就会出现更多的调控。

这种涡旋效应解释了为什么财经市场会不停地发生出人意料的泡沫式崩盘。如果不从历史过程的角度来看待市场的转变，我们就无法看清中央银行所扮演的角色，也就不会知道市场崩盘的原因正是来自大家深信不疑的财经政策。有意思的是，这些政策受大家欢迎的原因，恰好就是市场崩盘时受大家痛恨的理由。在欢迎与痛恨的矛盾之中，没有人知道自己受操控的心理状态正是自己日后怨恨不已的状态。为什么会没有人知道呢？

因为这两种状态之间的反差不是反省出来的，而是反射出来的。反省是思考后的认知，但在反射过程中人们并不会反省。只有打开灯，真相大白的那一刹那，也就是在真相反射出来的时候，大家才会突然发觉，所有之前说的话都是粉饰太平的谎言。这些谎言像宗教语言一样具有说服力，但当谎言被戳穿的时候，大家又像被蒙蔽的信徒突然发现真相不同于信念，感到无比绝望。

索罗斯认为，这些相信市场是完美的并且具有自我调节能力的人，可称作市场基本教义派。他们一度信奉的真理都是意识形态，市场教条以科学知识作为包装，却与真实无关。在当代主流经济学以及教育体系的影响下，这种包装以“科学”的名义在市场中发挥了极大的操控能力。为什么假借科学之名、行操控之实的理论会变成像宗教教条一样呢？

答案除了人的逐利欲望外，还有自启蒙时代以来的科学理性。科学理性的成就集中在自然科学领域，可是人的欲求无限，希望也可以将科学理性的解释力沿用到社会科学理论之上。于是，科学理性被“科学理论”取代，并且认为社会可以成为科学的研究对象。同时，这种启蒙思维认为，发明理论与设计模型可以建构知识。这个观念发展至经济领域时，市场中出现了高度共识，认为经济市场的运作像自然事物一样有规律。

索罗斯提出反身性理论的主要目的，除了否定市场有可供预测的规律之外，也否定市场可以经由操控产生预期的效果；规范市场与操控市场两者均为枉然。但问题是，如何承认反身性理论比主流经济理论还好用，更能够刻画市场的本质，并产生实际效果呢？

反身性理论要如何赢得大众的青睐呢？或者说，我们要如何让反身性理论在没有办法以普遍性概念说明反身性是什么的情况下取代旧的范式，也就是取代主流经济学呢？索罗斯发现，要回答这些问题，他必须提笔写下《金融炼金术》，做出即时的实验，证实反身性理论的价值。若他真的能证实反身性理论在财经市场中的优势，他就更能够宣扬他的哲学。

换言之，索罗斯充分利用了大家都想逐利的心理，通过财经市场本身会留下所有记录这个事实，翔实地记载了市场的风险与危机，指出那些无法操控与预测的因素其实都源自反身性理论的基本理念，但这些却是传统经济学理论只字不提的部分。

索罗斯认为，反身性理论运用于财经市场能否成功的关键，在于能否回答下列问题："那个在财经市场中无所不在的反身性联动，会在哪个时间点开始加剧影响原先应当由基本面反映出来的价格呢？"这个问题主要问的是：一旦被扭曲的市场反映出加快的趋势及膨胀的价格，我们要如何察觉，投资的本意在什么时候会转为投机的气氛呢？察觉这个时间点，有助于我们做出放空商品价格的决策。但是我们要如何获利呢？

自由市场与完美货币理论的破绽

重新回到市场的索罗斯，带着应用反身性理论的决心，以及证明自己的哲学有用的信念，试图回答上述问题。在策略的选择上，索罗斯不再研究个股，而是以整体股市的大趋势为研究的对象。在宏观的视野中，他注意到，美国的货币政策从 20 世纪 70 年代开始脱离黄金本位制度，这似乎是应用反身性理论的最佳领域。最主要的原因是，美元与黄金脱钩，等于将浮动的制度应用在美元价值上，而这时候的美元价值完全建立在交易员的感觉上，这种“感觉”很容易受到各种因素的影响而改变。

对索罗斯而言，这是一个常识，也就是没有黄金做支撑的美元必然会有所浮动，并且有可能呈现非常戏剧化的发展。但更具戏剧化的是，在美元与黄金脱钩时有一个“完美的货币理论”可以解释为什么美元的涨跌必然会落在一定幅度之间。

在 20 世纪 70 年代，绝大多数的经济学家都相信，市场中的某一货币，例如美元，它的价值会自动且以最有效率的方式维持在一定范围内。如果美元被高估，美国的出口将会受到损害，进口必然大增，导致美国的贸易赤字增加。但是，为了进口，美国人依然必须兑换外币以购买进口产品，从而导致美元持续贬值。让市场继续发挥自我调节的功能，这会使美国出口产品的价格伴随美元的贬值下滑，进而使得出口大增，直到美元止稳上扬为止。然后，新的货币与贸易关系又开始了。

完美货币理论是典型的自由市场理论，因为它认为，在市场有效的自我调节中，投机客没有影响市场的可能。道理很简单，因为如果当投机客预见货币的涨跌趋势，然后企图将此趋势转为多空策略加以投资的话，那么他也会受到外面市场机制的自动调整。如果投机客看空美元，那么无论他筹措了多少资金，都不可能跟市场机制作对，因为市场的力量限制了投机获利的空间。

举例来说，如果某人看空美元，认为美元一定会贬值，那么即使他成功地筹足了资金在市场中大量抛售美元，就算他看对了方向，但贬值的美元立即会被市场预判为上涨的先行货币指标，又会自动涨回来。因此，无论看多还是看空，无论看对还是看错，投机客并不会影响市场自动达到均衡的架构。

有趣的是，在完美货币理论下，成功的投机客只能加快让市场达到均衡的速度，而失败的投机客只能延缓市场达到均衡的速度。这个典型自由经济下的预设立场吸引了许多人，并且发展成为经济学理论的主流思想。但是，索罗斯依照反身性理论的原则，马上就在现实层面看出问题。他说，事实上从 1973 年浮动汇率被引入市场以来，这个完美货币理论就不断地被否定。原来认为进出口的贸易数字会决定汇率，结果正好相反，是汇率决定了贸易数字。联邦德国就是一个例子。

20 世纪 70 年代的联邦德国，因为出口旺盛，所以币值攀升（联邦德国的货币为马克，German Mark），但通货膨胀率反而降低，就业人口的薪资维持稳定，而且进口货物的价值因为马克升值而下滑，但是马克的强势并没有导致联邦德国的出口出现困难。联邦德国的经济反而进入一个良性循环。对于索罗斯而言，这个现象等于肯定了自己的反身性理论，尤其在反对完美经济理论方面。

联邦德国的现象说明，货币供需理论认为币值是单一直线性发展的，并且受“供需”与“贸易数字”主控的观念是错误的。真实的情况是复杂的、循环的。复杂的原因在于，我们只有事后结果可供参考，但在事前却无法分辨出哪些因素是因，哪些因素是果。最重要的是，某些因素，例如进出口数字、货币涨跌率、通货膨胀率等，它们之间不但相互影响，而且就像滚雪球一样有增大效果的效应，当然这种效应具有增大或者减小两方面的结果。

联邦德国的案例之所以重要，在于它在多个方面体现了反身性理论的应用，其中最关键之处就是——所谓的完美货币理论非但不完美，还因为投机心理会让操作人为了恢复完美货币理论的均衡状态，增加许多非经济手段。这些手段的目的，就是让结果回到想象中的均衡状态，这在政府的货币政策上体现得尤为明显。从 1981 年到 1985 年，在里根（Ronald Reagan）就任美国第 40 任总统期间，美元的汇率是最为明显的例子。

当时，美国因为进口量太大，造成极大的贸易赤字。从完美货币理论的角度看，贸易赤字增加就表示美国人用美元向国外买了太多的东西，从而导致所有对美国出口的国家赚得满手美元。当大家都不缺美元的时候，美元的需求必然下降，所以汇价自然下跌。

有趣的是，在此期间的美元不跌反升，而且升得很多。这个出人意料的现象出现，原因就是投机的资金正在大举购买美元，认为美元后势看涨。投机的理由当然有很多，但绝不是完美货币理论那种线性思维可以解释的。索罗斯指出，里根时期主导的经济理论催生了另外一种不同于传统理论的循环，称为“帝国循环”（Imperial Circle）。帝国循环指的是美国结合其强大的军事、政治与外交力量所形成的财经政策。对于索罗斯而言，1981 年里根总统上台，让他深刻地感觉到，反身性理论不但可以应用，还可以拿来解释财经市场中的一切因素，尤其是非经济因素。

完美货币理论 VS 反身性理论：放空美元，做多马克、日元与英镑之役

1981 年，以反共与保守著称的里根就任美国第 40 任总统。他的保守策略，让他采取以减税为手段的自由主义经济；而他的反共立场，却让他坚持美国应该在全世界维持强大的军事力量。明眼人一看就知道，这两件事情根本是冲突的。一是政府不收钱，鼓励自由经济；二是政府花大钱，维持强势的军事力量。结果当然是政府的财政预算难以维持。

更糟糕的是，财政政策与货币政策的经济学家们也各自持两个观点相反的理论，但他们同时在里根任内服务。

里根时期的财政政策官员讲求完美供需理论，认为只要“减税”就可以刺激经济，让人民增加消费并且更愿意提高生产力，如此可以使经济转强，既无通货膨胀压力，还因为经济变好，反而可以收到更多的税。但货币理论派官员认为，经济运作的首要目标是用“高利息”维持低通货膨胀率，因此货币的供给与需求可以通过利率进行控制。美联储的新货币理论在 1979 年 10 月提出，到了里根正式就任总统不久，利息已经在 1981 年 6 月高达 20%，结果就是，美国预算赤字因此大幅攀升。

这两个冲突的政治理论（也就是保守与反共），以及这两个不同的经济理论（也就是财政与货币）在相互碰撞之下，让美国的预算赤字不断扩大。然后，为了限制货币供给量，美联储只好持续提高利息，但经济萧条导致全世界以美元发行债券的国家为了偿还高价美元的利息而危机四伏。

鉴于此，里根总统在第一个任期决定开闸放水，采取宽松货币政策，让预算赤字无限扩大。钱多了，经济动能增强了，失业率下降了，国家呈现出一片欣欣向荣的景象，也让各国都对持有美元资产充满兴趣。

于是，大量外资涌入美国，导致美元在经济好、货币强、预算松与进口多的情况下出现大涨。索罗斯称这个循环为“帝国循环”，因为这个政策就像古罗马帝国一样，把边陲地区的资源与物资汇集到核心地区，目的就是打造一支庞大的军队。这当然是一种不恰当的比喻，但它却道出了美国企图扮演世界经济霸主的野心。当时，极少有人能够看清楚里根在保守政治下实行自由经济到底是为了什么？

里根总统本人似乎非常自信，尽管表面上不断地强调预算赤字不能无限扩大，但他实际上却没有真正做出削减预算赤字的行为。这个宽松的局面，消除了大家对于经济紧缩的顾虑，消费情况因此改善，经济局势逐渐转好，美元资产上涨的幅度超过大家的预期。许多投机客因此认为，美元会持续上涨。这种认知导致国外热钱不断涌入，大量购买美国资产。结果是，美国的贸易赤字与预算赤字双双扩大，反而推动了美元上升。但实际的情况是，各种“投机美元上涨的心理”，促成了美元汇率在一开始就不合常理地上扬。

这样一来，美元上涨的趋势就像滚雪球一般又急又快，所有投资美元的人都笑得合不拢嘴。但大家都知道，这一切的繁荣景象都只是表象，都是投机心理累积的结果。大家唯一没有想到的就是，美元不合理的强势上涨竟然维持了很长一段时间。

里根的政治手段不断创造美国经济繁荣的表象，也导致更多的投机机构、投资人纷纷持续加码，购买美元，让美元的价位居高不下。最要命的是，这种不断购买美元的动作正好坐实了美元上涨的投机心态。预期上涨的心态与源源不绝的资金流入美国的局面，两者之间形成了涡旋效应，远离了完美货币理论所预期的“均衡”，这完全符合反身性理论的预估。

当这种脱离均衡状态的情势严重到美国的贸易赤字已不能再粉饰太平时，投机客在很短的时间内就发现，其实美元早就被高估了。因此，索罗斯非常确定地指出，一旦所有的投机客都认为美元崩盘为期不远时，他们必然会大量杀出，卖空美元。

问题是如何判断美元下滑的时间点。这不是一个简单的问题，因为预测外汇市场会出现下跌趋势其实并不难，难的是预测什么时候会开始暴跌，什么时候是购买大量其他货币、放空美元的时机。这些问题反反复复，不断地出现。

没有受过专业训练的索罗斯，并不像其他理财专员那样拥有判断情势的模型、理论与方程式，所以相较于其他人，他陷入了信息不对等的局面。当时，他唯一可以与这些理财专员竞争的，只有他平时坚持的反身性理论。这个理论告诉他：要做出与众人相反的决定！

从 1985 年 8 月 18 日开始撰写“炼金术”日记时，索罗斯就认为，美元下跌的日子不远了，主要原因是政治的干预。那个时候里根总统连任成功，新的执政团队在成立之初马上就注意到，里根上一个任期留下的贸易赤字是个麻烦的大问题。于是，他们想尽一切办法，降低贸易赤字，促使美元贬值。

这似乎也是市场共识，因为所有与美元币值相关的财经市场，都表现出相同的方向。例如，利率下滑，投机客不愿再拥有美元。当政治意愿加上利率下跌，形成一个美元下滑的明确信号时，美元就有可能迅速贬值。然而，在评估美元什么时候下滑的索罗斯，却面对判断失误的风险：说不定美国经济会好起来，说不定利率马上又会上升，而这会导致美元不但不贬值，反而升值……怎么办？虽然这些问题不断出现，但索罗斯依然做出放空美元的决定。基于经济配合政治的分析，索罗斯很有见识地大举放空美元。

1985 年 8 月 16 日，索罗斯以杠杆大举买进德国马克、日元与英镑，总体量高达 7.2 亿美元，超过量子基金可运用的资金（多出 7300 万美元）。他认为，在这个非常时期，原有避险基金的原则并不适用。避险基金的常规是，“不要在单一市场中针对一种趋势投入所有的资金”。但索罗斯依照他的思路，修改了单一市场的定义，提高了放空的体量。从一个避险基金管理人的角度而言，这等于完全否定避险的用意。

果不其然，到了 9 月 9 日，索罗斯在日记中记载：我的投资策略一开始并不顺利，因为美国经济似乎转好了，而且量子基金赔了 2000 万美元。

这是任何投资人都会遇到的难题：出师不利，立即赔钱。然而，索罗斯充分发挥自己的见识，凭借自己对政治的判断，认为在资金面看好、银行系统偏弱的情况下，德国马克看涨已是眼前的事。除此之外，他还认为，美国的利率会维持在低位，因为即使经济转好，美联储仍然会关注市场对资金的需求，所以不会调高利息。还有，那些依循旧范式规则的人，相信通过利息的调节可以维持市场的均衡，同时美联储已经获得里根政府的提示，在消减贸易赤字的目标下，现阶段更不会通过调高利息去提高通货膨胀率。

基于如上见识，索罗斯奋力一搏，加码放空美元，并且做好如果看错就放弃亿万资金的准备。索罗斯会如此冒险，自然与他的胆识相关，不过敢冒险不一定就是投资人能够赚钱的原因，赚钱的真正道理是：投机的基础在于见识的发挥。这种见识就是：看到别人没看到的机会，然后依据见识调高体量，大赚一笔。

在这个过程中，索罗斯清晰地记载了他的见识，强调他认为重要的地方，然后极其小心地注意每一个有可能出现变化的地方。如果因为初战失利的小挫折而改变自己的看法的话，那么他的一生将是另一番景象。1985年9月22日，索罗斯拥有的见识让他成了全世界最有眼光的投资人。

当索罗斯记录下投资日记的第二笔交易决策时，时任美国财政部部长的詹姆斯·贝克（James Baker）在9月22日这一天，把联邦德国、日本、英国及法国的财政部部长约在纽约的广场酒店，一起商讨如何应对全球贸易的不均衡问题。

索罗斯指出，这场出人意料的协商会议无疑是一个“历史事件”。他说：“我们生活在一个令人振奋的时代。上周日，这五国财政部长与中央银行总裁在广场酒店召开的经济会议，是一个历史事件，它标志了货币由自由浮动转为操控浮动的正式改变。所有阅读过我写的‘反身性理论要如何在货币市场应用’这一部分的人都会承认这个改变。我一直认为，这个改变早就该发生了。”

是什么见识让索罗斯说出这么有把握的话呢？他的行动证明了他的想法。他指出：“我先前咬紧牙关，将货币体量提升到最高点，并在上周日五国央行广场协议签署之后，进行了最大的押注。周日晚上，也就是香港的周一早上，我大量买进日元，并且撑在市场的多头中。上周我获利的数字，远超我过去4年在货币市场上累积的损失。最重要的是，我现在已经遥遥领先其他人了。”

的确，五国央行联合出手“干预”货币汇价，美元贬值的消息一公布，日元立即破历史性纪录，升值7%，这让索罗斯获利300万美元。

说到这里，我们只能说索罗斯很幸运，因为除了发现里根总统决心让美元贬值，降低美国贸易赤字之外，他对里根政府会有什么“具体做法”一无所知，压根儿也没想到之后会有什么五国央行广场协议。这个时候，赚钱的见识却在反身性理论的影响下，让索罗斯认识到：市场中的多元因素会对财经局势产生影响。这个影响体现在正反两方面，并且以滚雪球的方式大幅扩增，幅度之大往往超乎想象。

这个理念应用在长期看涨、当时却步入贬值的美元上，正是时候。于是，当量子基金的交易员在针对初步下滑的美元进行获利了结的动作时，索罗斯愤怒地对那些缺乏见识的交易员咆哮，叫他们停止抛售日元，同时提高购买日元的体量。

五国央行广场协议签署的5天后，索罗斯已经狂扫超过2亿美元的日元与马克，放空美元的体量超过了1亿美元。在这么高的投资额度上，索罗斯凭借的信心就是他认为这个协议是认真的，是会落实的，也是各国政府合作的目标。坦白说，这些见识对一般人而言，并不足以真正维持信心，但索罗斯当时的信念之强，创造了投资史上的传奇故事。

1985年12月，索罗斯结束他即时实验的第一阶段。回顾这个阶段，在4个多月时间里，索罗斯能赚大钱的见识，最初来自察觉美元过强，因而必定会贬值，其中反身性理论是让他坚持看法的关键。在对反身性理论的解析中，索罗斯不断提到，整个银行系统会因美元变动过大而崩溃。

但这件事情并没有发生，银行系统并没有崩溃。索罗斯却认为，这个错误是“肥沃”的。为什么呢？因为在投资过程中，理论只能预测趋势，却不足以决定事件的发生。重点是趋势必然发生，也就是过高的美元一定会贬值，并且因为原先美元过高的理由都来自投机的心理，以至于一旦美元下滑的趋势发生，同样的投机心理会引发另外一波超出常理的大贬值。

五国央行广场协议就是索罗斯认定美元下滑的信号，而这个协议签署之后的投资决策，让索罗斯的量子基金扩大了35%的规模，他因此大赚了2.3亿美元。《金融炼金术》这本书出版后，确立了索罗斯在金融界的传奇地位，也成就了他投资界哲学大师的名号。

·“黑色星期三”——“金融巨鳄”索罗斯的成名之战

1992 年 9 月 16 日星期三，当时英国的财政大臣诺曼·拉蒙（Norman Lamont）在“捍卫英镑”的原则下，做出了 3 天内共 5 次调整利率的决策。

对于英镑这样的国际货币而言，不断地通过提高利率的方式维持货币价值的做法，是极不寻常的。当然，拉蒙所做的决策也是基于一个不寻常的理由。这个理由就是想要英镑留在“欧洲货币”体系之中，以维持协议的方式来决定英镑的价值。

英国政府在多次宣示英镑要留在“机制内”的决心后，却发现市场上有异常抛售英镑的动作。当时，对这些异常动作掉以轻心的英国政府，还一直想以维持传统货币价值的方式，也就是通过不断提高利率来应对。最终，英国在第五次升息之后，发现传统的做法并不能够消除英镑继续贬值的压力，因此在 9 月 16 日当天，英国央行（英格兰银行）宣布放任英镑贬值，脱离“欧洲汇率机制”（European Exchange Rate Mechanism，简称 ERM）。这个决定导致英国政府损失了 33 亿英镑。这一天，就是金融史上著名的“黑色星期三”。从这一天开始，各国的中央银行都发现，民间筹资的力量居然可以大到让一国的货币贬值，尤其是在那些脱离市场机制，刻意以人为方式维持货币价值的情况之下。

拉蒙曾经公开表示，英镑退出欧洲货币机制的主要原因，是英国最初决定以 150 亿美元作为代价捍卫英镑，但后来在眼看无效的情况下，不得已做出脱离欧洲货币机制的痛苦决定。索罗斯在听到这个消息之后，轻松地表示：“我们刚好也准备了 150 亿美元用来阻击英镑。”

此话一出，举世哗然。大家都非常讶异于索罗斯如此精准的计算。在此之前，极少听说有投机者会与国家货币作对，更不要说对抗英国这样的传统金融大国了。索罗斯不但勇于从事这种风险极高的投资，也非常准确地预估了投资过程中的风险。这件事情不但使得索罗斯声名大噪，而且还让市场中所有投机客都将“索罗斯”这个名字与市场“金融巨鳄”画上等号。

事后，索罗斯在其访谈式自传中透露了他击败英格兰银行的判断过程。他认为，放空英镑获利 10 亿美元的案例是反身性理论的成功应用。这个理论告诉他，市场的设计无论宣称在理论上多么完美，它致命的缺陷往往会在人们浑然不知的情况下出现，而且谬误会持续产生，导致市场一次又一次经历崩盘。

英镑原先是“欧洲汇率机制”中的一种货币。在过去相当长的一段时间里，这个机制运作良好，达到几乎均衡的状态，让所有机制内的货币都能够自由浮动，而且浮动的幅度总是可以维持在一定范围之内。这个接近理想的局面，让索罗斯这样的投机客找不到获利的机会，只能眼巴巴地等待。

机会终于来了，那就是 20 世纪 90 年代的苏联解体，以及民主德国和联邦德国的统一。这两个事件是有因果关系的，但更重要的是，这个因果关系的联动效应是持续的，而且从政治层面发展到了经济层面。从政治层面上看，这个效应一直扩大到全欧洲的未来；而从经济层面上看，这个效应让当时的联邦德国政府面临两难，不知道应该拯救欧洲货币机制，还是应该支持两德的货币统一。

原先欧洲汇率机制能够运作良好的原因是：这是一个纯粹经济上的汇率机制，结构简单。而伴随着德国统一，这个纯经济因素主导下的欧洲货币机制受到了政治的影响，而且是空前的政治变局的影响。在宪法要求统一的架构下，联邦德国人民必须照顾民主德国人民的经济生活，而这使得原先一直扮演稳定欧洲货币角色的德意志联邦银行处于矛盾的角色之中。

德意志联邦银行既是欧洲汇率机制的定锚银行，又是德国宪法中规定维持联邦德国马克稳定的中央银行。在德国统一前，德意志联邦银行在以上两方面都扮演了称职的角色，但两德统一后的第一件事情，就是如何维持两德两种马克之间“不正常交换”下的经济局面。这个奇特的交换，说明联邦德国和民主德国的经济发展状况完全不同，也严重地破坏了联邦德国原先在欧洲成功维持汇率均衡的成果。

在联邦宪法的要求下，联邦德国极为慷慨地接纳了民主德国的经济现况，其中最重要的步骤就是，两德以成年人 6000 马克、老年人 4000 马克、儿童 2000 马克为上限，以 1∶1 的比例，交换两德的马克。这个价位让不值钱的民主德国马克，取得了欧洲定锚货币联邦德国马克的地位。任何人都知道，从经济角度看，联邦德国亏大了，但这是政治层面的决定，而且是联邦宪法的决定，大家必须遵守。

这个交换货币的决定，等于是把联邦德国45年来的成果中的极大部分，以免费的方式转送给民主德国。毫无疑问，这个决定让统一后的德国面临极大的通货膨胀压力。为了避免通货膨胀的发生，德意志联邦银行只好提高利率，维持联邦德国马克的汇价。然而，很不巧的是，这时正是欧洲经济，尤其是英国经济陷入萧条的时期。在英国经济不振的情况下，德国银行调高利率的做法无异于雪上加霜，让英镑贬值的压力越来越大。

问题很明显，就是在政治变局中，原先稳定货币兑换的欧洲汇率机制，因为联邦德国马克陷入一种政治与经济上的冲突，所以出现了微妙的变化。

经济上的问题其实还比较简单，就是在欧洲各国经济下滑的时候不应该升息，反而应该降息以确保资金充裕。但是政治上的情况刚好相反，因为两德统一不但是写在德国宪法中的大事，也是一个震惊世界的历史事件。在没有选择的情况下，或者说在政治、经济背景的夹杂之下，德国的做法已经让欧洲汇率机制从稳定向动荡发展，局面因为政治上的判断而变得更为复杂。

德国统一造成欧洲定锚货币，也就是联邦德国马克出现通货膨胀压力的事实是众所周知的，不足为奇。有趣的是，政界方面却认为，人为的干预可以让动荡的局面稳定下来。持这种意见最具代表性的人物是当时的德国总理赫尔穆特·科尔。

科尔对外承诺，会将联邦德国马克置于整个欧洲的框架之下，但同时也要将民主德国马克纳入欧洲汇率机制之内。这个整合欧洲的理念立即受到法国密特朗总统的支持，但遭到了英国首相、“铁娘子”撒切尔夫人的坚决反对。随之而来的是一连串激烈的协商，而最后的结果就是《马斯垂克条约》（Maastricht Treaty，即《欧洲联盟条约》）的签订。在这个由欧洲 12 个国家共同签署的条约中，最重要的内容就是要建构一个共同的欧洲货币。

索罗斯认为，这是一切错误的开始。因为不但英国并不乐见英镑的消逝，连德国总理科尔与德意志联邦银行对于“如何补助德国庞大的赤字”这个问题都有很大的争议。对德意志联邦银行而言，建立一个欧洲共同货币无异于对自己敲起了丧钟，因为德意志联邦银行将听令于欧洲的中央银行。让欧洲当时最大的银行听令于一家新成立的银行，这谈何容易。况且，一个如此重要的机构，怎么可能在一纸约定下乖乖地终结所有的业务，接受一家新成立单位的指挥，做出有损自身利益的事呢？

于是，德意志联邦银行对《马斯垂克条约》做出了不友善的解读，认为这个条约中要求成立欧洲单一货币，主要目的就是毁灭德意志联邦银行的地位。后来索罗斯回忆，当年他发现这是一个非常时期，因为有三种情况交织在一起：第一，德国需要一个相较于其他欧洲国家非常不同的货币政策；第二，为了德国，德意志联邦银行需要一种与科尔总理所支持的政策“不一样”的货币政策；第三，虽然没有明讲，但德意志联邦银行坚持追求持续的存在。

这三点是有冲突的，其中最严重，也很少为人了解的是第三点，因为德意志联邦银行并不打算自我了结。这种情况维持了一段时间。但到1992年，也就是危机发生的时候，几乎所有人都开始注意到，欧洲货币汇率交换机制出现了问题，而索罗斯只是较早发现问题的人而已。

在这个“外紧内松”的环境里，德意志联邦银行既不愿意被一个新成立的中央银行取代，又必须坚持自己负责两德货币统一的神圣任务，因此一直采取模糊的态度。面对这个局面，有一天，德意志联邦银行的行长希勒辛格在一场重要聚会的演讲中，公开说：“如果投资人认为欧洲货币单位（European Currency Unit，也就是ECU）是一篮子固定汇率的货币的话，那么他们就搞错了！”

当时希勒辛格暗示意大利的货币里拉（Lira Italiana）前途极不乐观，而有见识的索罗斯一听就发现了问题，立即在希勒辛格的演讲结束之后向其发问。索罗斯问希勒辛格：“您会希望ECU成为一种新的货币吗？”行长的答案居然是：“我喜欢它仅作为一种概念，但并不喜欢这个名词，如果它叫作马克，我会更喜欢。”当时，在别人还误以为欧洲各国要集体面对这个天翻地覆的政治局面时，索罗斯的见识就已让他完全明白了希勒辛格到底在说什么。行长的言论，等于私下建议索罗斯要去放空里拉，结果没过多久，里拉就因为意大利经济状况不佳，宣布退出欧洲汇率机制。

索罗斯的见识再度发挥作用，他本能地判断，下一个遭到阻击的货币应是本身就不乐见欧洲货币统一的英镑。于是，他把所有原先放空里拉获得的利润拿来为放空英镑作准备。接下来，丹麦的公民票决反对《马斯垂克条约》；然后法国有意见，在是否同意《马斯垂克条约》的公投前夕，竟然提出要求协商条约内容，想增加新的条件……这些事态显示出欧洲内部并不团结。

一系列不团结的因素最终都转化为让英镑贬值的压力。面临压力的英国央行立即做出反应，将利息提高 2% 以捍卫英镑。对索罗斯而言，这个调高利息的动作，正传递了一个英镑面临绝望情势的讯号。早已做好放空英镑准备的索罗斯在接到讯号后迅速杀出，大量放空。在“黑色星期三”这天中午，尽管英国央行再度宣布升息，但几乎没有什么效果，当天晚上宣布英镑退出欧洲汇率机制。索罗斯因此获利 10 亿美元。

索罗斯放空英镑、获利 10 亿美元的消息很快不胫而走，这让他招致许多批评。其中有多名政府官员与专家学者认为，英国银行升息的做法是正确的，但问题在于索罗斯与他的投资人恶意放空，让英镑贬值，令政府蒙受巨大的损失。当索罗斯被问到这一点时，他以反身性理论作为回答。他说，升息的动作并不能够挽救英镑免于贬值的命运，即使没有他，英镑最终的结果也是一样的。他坚决放空的行动加速了英镑的贬值。

欧洲汇率机制因为政治情势的改变，从均衡的稳定状态向不稳定发展。然而，在市场参与者的感觉中，多数人并没有察觉这一变化所代表的含义。真实的情况是：许多人注意的正好相反，也就是相信欧洲各国执意创造单一货币的决心。因此，这些人也因而认定，欧洲一篮子货币的汇率会比以前更稳定。甚至还有许多投资人，因为相信这个机制不会变动，所以大举买进危险货币的高收益债券。这个举动让欧洲汇率机制更加吃紧，直到最后被压倒崩溃为止。

这是非常重要的一点，因为在这种情况中，当绝大多数人看到原有机制持续发展时，索罗斯却看到了完全不一样的情况。到底是什么见识让他注意到这个戏剧性的转变，并产生与他人截然不同的看法呢？索罗斯事后回忆说，最重要的是他一直认为，使事物发生改变的条件可以在瞬间出现，而这个认知让他一直注意一个情况：英格兰银行一直在做宣传，强调“汇率机制没有问题”。这个时候，“此地无银三百两”的用意昭然若揭——英镑其实是有问题的。

认知到政府在做宣传的索罗斯二话不说，立即将放空英镑的体量调至最高，然后再加杠杆，这成为获利的关键。索罗斯的见识让他获得了巨大利益，但这也让他面临道德上的批判，其中最严重的批判就是，作为一个投机者对社会所展现的不负责任态度，导致众多平民百姓无端受到损失。这是很严厉的批评，因为这是指责索罗斯“只利己而不利他人”，只顾及个人获利，却无视国家和民众的利益。

在这个问题上，索罗斯用其哲学理念阐明了他所奉行的道德原则。或许别人会认为，一个投资人不应该以投机为乐，投机是不道德的。这些人可能会将此观念视作伦理规范，坚信这个说法与道德的原则息息相关。索罗斯却认为，这条别人所奉行的原则，并不是他认可的原则。

道德的认知，的确应该考虑伦理的规范性，并且应当具有约束力。但是如果约束力没有个人的认可，并纯粹是别人的原则，那么道德认知就成为外部约束个人行为的规范。其实，这就不是道德的问题，而是规则的问题或者法律的问题。对索罗斯而言，承认限制他行动的规范，并不是问他应不应该投机，而是问自己：“所有我做的事情，究竟值不值得？有没有我自己认可的理由作为我行动的原则？”这种反省的态度，才是让伦理道德具有约束力的真正力量。

最重要的是，在有关道德的判断中，人人必须建构“与他人有别”的自我。为什么呢？因为如果一个人做事情的行动依据来自他人，而非自我的话，那么他与一个没有思考能力的人有什么不同呢？索罗斯当然不是这样的人，因此他明确地说：“我并不执意坚持在货币交易中应该有投机的机会，但我认为投机炒作货币是比管制货币要好的必要之恶。避免这个问题的最好策略当然是单一货币，因为这么一来，投机客就没有炒作的空间。”

索罗斯认为，他能够为自己从事投机举动辩护的理由，就是他所做的一切“都在规则之内”。如果规则有错，或者有漏洞，那么对于一个行事符合规则的人来说，这是规则设定者的错误。索罗斯坚信，这是一种非常正确且受到道德肯定的立场。因此，他对于自己被当作投机者并没有任何道德上的顾虑。

索罗斯并不因此而为市场上出现投机的机会沾沾自喜，但依照反身性理论的立场而言，这是多方面的“肥沃”。这里所谈到的“肥沃”，其含义除了获利的机会之外，还有促进社会进步的作用。投机机会的出现，除了显示规则出错之外，更能够暴露出存在的违反社会公平的问题，迫使掌权者修改规则，甚至修正系统，阻止投机客牟取暴利。

其实，这就是反身性理论的应用，让所有的掌权者放下原有的理论，随时做好修正错误的准备，使得投机的机会根本不存在。问题就在这里，因为绝大多数的掌权者不喜欢承认错误，甚至希望以威吓的方式，警告投机者不要见缝插针。就索罗斯的经验来讲，拥有权力的机构往往很不愿意针对自己的错误做反省。这么一来，他们的固执会使他们失去察觉问题症结的能力，甚至根本不知道问题出在哪里。

经历“黑色星期三”事件后，索罗斯体会到一个社会“维持开放”的重要性。于是，年岁步入半百之际，他起心动念，想在赚钱之余，借由捐款做一些慈善事业。不过，他的慈善与一般的慈善很不一样，因为他要推广一个从波普那里学来的理念，也就是索罗斯一生最推崇的理念——开放社会。

1979 年，索罗斯成立了一个由他捐款设立的“开放社会基金会”，专门帮助他认为“需要帮助的社会”，让它们因为他的支持，有机会从封闭社会转变成开放社会。

· 第六章 ·

老年时期：赏识开放社会

开放社会就像一座灯塔，

在其灯光照耀下，

我们要认同什么东西真的存在，

允许不同的团体、不同的个人，

可以有不同的意见。

终其一生赏识开放社会的索罗斯认为，

这束光，是求真实的光，

而不是求自由的光。

索罗斯一生不但多姿多彩，而且至少具有三种截然不同的身份，他先是失败的哲学家，然后是成功的投资客，最后是独特的慈善家。

乍看之下，这是三种完全不同的身份，但是索罗斯最奇妙之处，就是用反身性理论将这三者结合在了一起。我们在第五章“赚钱见识”部分，已经看到他是如何用反身性理论将哲学与投资结合在一起的。现在，让我们来看看索罗斯人生中的另一个精彩部分：他如何花赚来的钱？这是一般人不太有机会遇到的问题，而在索罗斯的心目中，却有一个远大的理想——实现他所认知的开放社会。

索罗斯赏识开放社会的含义很深，包括哲学理念、社会实用与人道主义三个方面。更重要的是，“赏识”这两个字有特别的意义。所谓赏识，指的是欣赏、推崇，而赏识对象的实现，往往超越了我们自身的能力。索罗斯承认，实现他所谓的开放社会并不容易，因为这不但牵涉他人，也涉及有关政治、社会甚至文化的问题。索罗斯的胆识与能力过人，再加上他超乎常人的毅力，使他具有无比的自信心。但是，一个极度自信的人，为什么会赏识“开放社会”这个极难实现的理念呢？这是我们在这一章要回答的问题。

对于发挥见识赚大钱的索罗斯而言，赏识开放社会的主要理由有两方面：一个是历史的，另一个是哲学的。

在努力奋斗的人生中，索罗斯从一文不名到屡创投资奇迹，这让他开始思考：赚到的钱要怎么花才有价值？这不是胆识或见识的问题，更不是知识或常识可以回答的，这需要实现他所赏识的理想。此外，赚到钱之后的人生，什么是存在的意义？这种问题很自然地出现在索罗斯的脑海中。因此他必须知道，如何实现自我，如何实现人生意义，以及如何助人，等等。这些问题的答案，就是按照理想建立基金会，实现他所认知的开放社会。

对索罗斯而言，开放社会是一个复杂的理念，在不同的时期，面对不同的生活状态，都会出现不同的理解。这个理念复杂的原因有三方面。

第一，开放社会是索罗斯从他的恩师波普的名著《开放社会及其敌人》中得到的一种初步认知。索罗斯虽然深受波普理念的影响，但对开放社会的认知却跟波普不一样。波普的开放社会理念来自他的哲学，而索罗斯对开放社会的赏识则来自他在抵达英、美这些国家以前的生活经验。这种介于哲学理念与生活经验之间的差别，让索罗斯对开放社会提出了自己的看法，也算是对波普理念的一种修正。

第二，索罗斯在赚钱之后，立即践行他的开放社会理念，并且成立了“开放社会基金会”。在基金会运作的过程中，因为亲身参与了建构开放社会的过程，索罗斯逐渐发觉，开放社会这个原先他以为很好理解的理念，其实他并没有真正地理解。甚至在现实层面上，开放社会的实际运作，面临着许多意想不到的困难。因此，在基金会实际运作的过程中，他发现开放社会理念是“在动态环境中不断发展与转变”的一个过程，甚至会出现原先意想不到的结果。有的时候，在一个社会中，并不是每一个人都偏好开放社会，也有人依恋着封闭社会。还有一些人，原先曾经因为不愿活在封闭社会中，倾向拥抱开放社会，但之后在生活改变的情况下，反而对开放社会的好感逐渐淡化，最后将这种理想束之高阁不再理会。这些现象让索罗斯感到非常费解，因此他花了相当长的时间，尝试理解这个问题。

第三，2004 年，也就是当美国小布什总统（George W. Bush）准备竞选连任的时候，索罗斯发现，在“9·11”事件之后，小布什实施的一系列反恐措施，让美国这个世界公认的开放社会出现了封闭思维。他承认，这个他原先自以为已经很熟悉的国家，其实并不是理想中的开放社会。他觉得，说明开放社会理念的困难太多，有很多地方需要进一步厘清。这些复杂的层面，让索罗斯对究竟该如何理解开放社会，以及怎样推行并维持它，深深着迷。

受个人成长环境影响，索罗斯赏识开放社会的情感一直非常强烈。所以，虽然索罗斯在推行开放社会理念的过程中遇到了许多困难，包括开放社会基金会在世界各地运作时招致许多国家的批判，甚至连索罗斯本人都被一些国家政府列为不受欢迎人物，但这些困难都没有改变索罗斯推行开放社会的志向。相反，他不断追求更进一步地去理解开放社会，还将这个追求视为自己毕生之职志。

本书在接下来的篇幅中，将阐述索罗斯构思的有关开放社会的概念架构，成立开放社会基金会的缘由与争议，以及索罗斯将开放社会理念推展至美国的经验。

· 开放社会的意义与转换

20 世纪 50 年代索罗斯在伦敦读书的时候，受到了当时科学与哲学领域的两个主要理论的启发。这两个理论分别是：科学的量子论和哲学的可错论。前者指的是沃纳·海森堡（Werner Heisenberg）的“测不准论”（Uncertainty Principle，又译作“不确定性原理”），后者指的是波普的名著《开放社会及其敌人》中强调的开放社会理念。索罗斯对这两个理论都极为赏识，并将其作为自己毕生奉行的原则。

在日后他人生中最重要的投资与慈善两项事业中，主导投资事业的机构是量子基金，主导慈善事业的机构叫作开放社会基金会。从这两个机构的名称我们就可以看出索罗斯赏识这两种理论的程度。

从一个比较宽广的角度来看，这两种理论的本质因为都强调“不确定性”而相关联。量子理论着重于预测的不准确性，也就是哲学中的可错性。这两个理论都认为：人，天生就受限制，没有能力在变幻莫测的自然世界中，做出绝对正确的认知与判断。量子理论源自物理学，强调的是物理系统的计算，所以对于自诩为哲学家的索罗斯而言，他针对这个理论能够说明的部分并不多。然而，对波普的开放社会理念，却全然不同。

· 波普的开放社会理念

索罗斯曾经说过，除了他父亲，波普是对他的一生影响最大的人，而其中最直接的影响就是波普所赞同的开放社会理念。索罗斯坦承，他对开放社会特别赏识的原因，来自他幼年的成长环境。在 17 岁以前，他生活在集权性强、社会管制严格的封闭社会中，这让他对波普书中谈到的开放社会与封闭社会的对比，产生了极为强烈的感觉。这种感觉源自政治上的认同，进而促使他愿意钻研波普的哲学，处处以理解开放社会为焦点。

1962 年，沉浸在思考开放社会本质中的索罗斯，在纽约证券交易所做交易员。他一方面从事欧洲股票的买卖，另一方面利用宝贵时间，尽一切力量完成了博士论文《意识的负担》。当论文完成后，他立即寄给在伦敦的波普。不久，波普给予这篇论文非常高的评价，这让索罗斯感到极为振奋。于是，他立即飞抵伦敦，希望能够见恩师一面，请教一些相关的问题。

当波普见到索罗斯的时候，起初并不记得他是谁，后来经过索罗斯的自我介绍，波普终于把那篇论文跟索罗斯这个名字联系在了一起，然后叹道：“我对你在论文中能够成功地表达我对于集权政体的观点，感到很欣慰。但是，你是匈牙利人，而且你亲身经历过这些制度。”这段话是索罗斯对波普印象最深刻的部分。在这段话中，任何人都可以理解，因为同属于在奥匈帝国成长的犹太族裔，无论是波普还是索罗斯，他们对生活在自由及开放社会中都拥有超乎寻常的渴望。

不过，虽然波普与索罗斯两人都赏识开放社会理念，但他们两人对于推行开放社会的态度与决心不太一样。波普讲的开放社会源自一个从知识论原则出发的立场，也就是通过可错论所达到的结果。对于波普而言，可错论告诉我们：人是受限制的，人的认知能力没有办法获得绝对的真理，因此任何终极真理必然都是无效的。如果某一社会坚持它拥有真理，那么宣称拥有这个真理的社会，必然最终要依靠武力的镇压维持这个真理的尊严。这种单一真理只会也只能存在于封闭社会中。

相较于此，在波普所谈论的开放社会中，可错论的原则是共识，所以没有人会致力于证实自己的认知为唯一的真理。因此，在这一社会中，大家能够发扬宽容的精神，和平相处。如果有什么事情是不可以做的，那么禁止该行为的理由必须建立在法治的基础之上。坦白说，这纯粹是理念上的推理，波普对开放社会在现实生活中应该如何实现，并没有多加说明。不但如此，还因为强调否定论，波普也从来不对任何理念做定义式的说明，其中包含“开放社会是什么”。

事实上，就连波普《开放社会及其敌人》书名中的“开放社会”，其实都是出版社取的，而波普本人却用了许多类似的理念说明开放社会。对于这点，索罗斯的看法则很不一样。他认为，一个这么重要的理念，需要好好地说明它，并且让它成为现实社会中的一部分。为了达到这个目的，索罗斯以青出于蓝更胜于蓝的精神，针对“如何理解开放社会”，自己构思了一套概念架构，希望能够借此充实开放社会的实用面。

索罗斯对开放社会理念的转换

索罗斯对于开放社会的概念架构，基本上是延续波普理论所发展出来的。其中除了理念的逻辑推理之外，他更强调开放社会作为一个值得赏识的对象，并非全然是理论推理，也是实际的。以冷战时期的背景为主，索罗斯提供的概念架构，采用假设性的说明。他说：“在一个社会中，如果这个社会中的人没有抽象思维能力，那么这些人看到的世界，就是眼前的世界。”这句话是说，如果一个人对眼前所见到的一切，都以为是真实的，那么在他脑袋中所想的，也是固定的信念。

在传统社会中，每个人都满足于自己在社会中所扮演的角色，也接受角色在社会中需要负担的工作。传统社会没有什么不好，甚至我们可以说，在这种“日出而作，日落而息”的社会中，人人过着知足常乐的日子，不失为一种理想。简单来说，这种社会在没有遇到竞争对手前，可以维持封闭的状况。但一旦遇到一个比较进步的社会，那么传统社会相较于求新求变的社会而言，必然是居于弱势的。这个时候，想要改变的往往是传统社会中的人。

无论你多么依赖传统，不变的社会在与其他进步的社会相比较下，是没有办法维持不变的，所以关键在于——是否愿意追求变化。然而，因为变化就代表不确定性，所以这对一直以确定性为主的传统社会造成了极大的冲击。但是，如果这是必要的，那么准备接受变化的社会需要非常多心态上的转变。其中最重要的准备，就是接受批判性思维。能够接受批判性思维的社会，其实就是一个开放社会，而拒绝变化的社会，也就成为一个追求教条思维的社会，因而是一个封闭社会。

从中立的角度而言，其实这两种态度之间并没有什么高下之别，甚至各自还有其优缺点。索罗斯针对这个部分提出比较优缺点的说明。基于批判性思维而建构的开放社会的好处是：它可以面对多种可能性，也可以通过不断批判与否定，了解外在世界的变化趋势。但是这样的社会也有坏处，也就是在追求确定性的过程中注定会有失落。

批判的态度其实就是求新求变，不断突破现状，挣脱教条。因而在具体的成效方面，批判的态度让我们能够修正错误，接近真实。自然科学的成就，具体地反映了我们探究事物本质所达到的成果。这也是为什么自然科学的成果最能够满足我们对追求“知识确定性”的诉求。但是其他学科，例如在人文社会科学领域，就没有办法达到这种确定性。这种情况也说明：在处理有关“人”的事情上，我们没有“让追求确定性的欲望获得满足”的知识能力。这是一种常识，但这也是一切议题发生的起点。

有人会问：在“人”的世界中到底有没有这种确定性呢？如果有，那么在哪里呢？如果没有，那么我们追求知识的目标岂不是枉然吗？对于追求批判态度的人而言，与不确定性共处是一件好事，因为人本来就应该承认自己没有什么都能做到的能力；想要获得绝对真理，无异于缘木求鱼。但问题是，能够接受可错论的人并不常见。多数人会想尽办法满足想要获得确定性的欲望；他们自然会倾向维持传统，接受旧有信念，相信这个世界是为人所创造的完美环境。

最重要的是，传统主义者坚信，这些信念并非只为个别人所拥有，而是一大群人，甚至他们会说，这是所有人都会接受的真实。其实这种情形在传统社会中并不少见，甚至可以说，在历史长河中，这种社会的出现是常态。直到今天，许多与教育、道德、政治、宗教相关的事物，其主要的信念还是按照这个思维模式发展的。对于这个情况，坦言偏好开放社会的索罗斯，殚精竭虑地想要找到突破点，以唤醒人们的意识，理解传统的信念不但跟教条无异，甚至根本就是对社会的扭曲。

是的，索罗斯找到了他最擅长的领域，他用市场中的经济活动来作比喻，借以指出问题的关键。传统社会中的人肯定自己的信念既完美又真实。这与市场参与者一样，倾向接受经济理论的效能，并且认为这些理论的效用就像自然科学的成就一般，既完美又真实。表面上，将传统社会与经济理论放在一起作比较似乎有时空错置的感觉，但从索罗斯的立场而言，它们相似的地方就是为了追求完美知识而扭曲真实。

从表面上看，经济活动确实与自然科学的行为类似。理由有三：第一，人人都有牟利的强烈欲望；第二，个人的决策能力；第三，赚赔的验证。牟利的欲望让市场中的活动像自然法则一样，均大同小异地依照类似的原则从事投资与交易。个人的决策又让每个人的判断能够自由发挥，而赚赔的结果则可以验证判断的正确性。这三点结合在一起，让市场的经济调查很像科学中的研究工作。但是，当经济学家自诩为“类科学家”时，我们不能忽略自然科学与经济科学有根本的不同，也就是事实与人心的不同。

自然科学陈述的是事实，而经济科学讲求的是人心。事实是一种静态的指认，而人心讲的是市场参与者的心理状态。人心不但影响经济事实，且其本身就是事实的一部分。这是经济活动中很关键的观念，因为它使得经济活动不但出现无法准确预测心理状态的结果，还会导致经济活动在不同的发展阶段呈现出不同的特点。总而言之，自然科学与经济科学两者之间的差别明显，就是因为前者是对自然事实的稳定描述，而后者却只是对人心的浮动揣测。

有趣的是，在投资活动中，往往只有那个与众不同的判断，成为能赚钱的判断。从投资的角度而言，“能不能赚钱”构成判断的基本价值，导致企图了解市场的人陷入了一个矛盾。一方面，理论说出了大家都应该依附的道理，另一方面却有人问：为什么与众不同的决策能够赚钱？基于人人都想牟利的欲望，市场参与者都会做“事后诸葛亮”，解释为什么不同的决策居然能够赚钱。其实，在寻求解释的过程中，我们应该做的，是批判检讨原有理论的限制，以及思考是否能用更好的理论取代它们。

从实际情况看，因为人心浮动，所以在经济活动中不会有自然科学那种既完美又真实的结果。在经济活动中，无论多有把握的判断，都有可能出错。诚如索罗斯所言，“谬误是肥沃的”，因为在经济活动中如果谬误不可避免，那就好好审视自己，找出会出错的理由。对于从别人的谬误中赚钱的索罗斯而言，这些都不难理解，可是对于其他人而言呢？

大多数人受到自然科学启蒙的影响，以为理论可以操控自然，而且这种操控的心态很强，强到认为人心一样可以通过理论去控制。所以，这些人会费尽心思提出各式各样的理论，并且坚信这些理论是完美的，能够解释市场运作的详细情况。这种执迷不悟的心态，造成市场参与者在“扭曲的真实”与“真实的扭曲”之间摆荡，最后他们却不得不承认，市场不但不能被操控，还会因此出现太多不可预料的因素，例如法治、环境、公益、竞争等，根本就是不稳定的。

经济活动往往牵涉买卖，结果就是涨跌赚赔，利益得失大多也由个人承担。个人的事情还算小，但若是发生在政治层面，问题可就大了，会有千千万万无辜的人因为其他人的决策而受害。法治不彰，会导致社会的不公不义；不保护环境，会造成全社会甚至全球性的灾难。还有其他太多的理由促使索罗斯认为，能够修正错误、勇于面对改变与批判的政府，必然是比较好的政府。环顾所有的制度，民主制度适合这种求新与求变的组织，而民主制度能够落实的前提，就是这种制度必须存在于开放社会之中。

推动开放社会所面临的问题

开放社会的优点是在个人层面上，它重视个人的自由选择，而在整体层面上，它鼓励社会接受变化的不确定性。这是索罗斯赏识开放社会的主要理由，但这个单纯理念上的理由却是不现实的。

在现实中，开放社会仰仗个人判断的核心思想有一个大漏洞。个人判断所依据的价值大多是情绪化的，甚至是冲动的，至少是不完全理性的。这是因为判断来自“选择”，而选择所依附的标准是“价值的认定”。问题是，价值的来源往往都是一些与情绪不可分割的因素，例如家庭背景、朋友建议、广告媒体等。这些因素不但影响个人决定，还会让人深信不疑。

很吊诡的是，原本追求反教条的开放社会，竟然由情绪化、坚持己见的“个人”所主导。当然，你可以说，开放社会的主要功用就是打破教条，让坚持己见的人面对必须改变的事实。这或许没有错，但这么一来，开放社会将面临一个更大的问题：支持开放社会的目的到底是什么？

缺乏目的的确是支持开放社会者的主要问题。开放社会支持个人的选择，个人又基于自己情绪所认可的价值去作选择，而每一个人对于价值认可的程度并不一样。同时，民主自由制度中的投票结果又未必能够解决这个各说各话的局面。这就是开放社会中个人与群体之间矛盾频发的原因。群体中有意见不同的个人，而个人又没办法在群体中形成共识。这个矛盾让人不得不问：难道开放社会就是这样一个个人群聚在一起的混乱局面吗？

面对这个问题，索罗斯除了表现出他对开放社会的赏识之外，也语重心长地提出了他所认知的解决之道。他认为，让开放社会成功的要件，必然是个人与群体的合作。其中，个人能够因为自由而发挥创意，提升科学与艺术的成就，促进科技的快速发展，推动知识的增长与生活水准的提高。整体而言，支持开放社会的主要目的，就是在个人创意与群体的支持下，实现社会的进步。社会进步是一个很重要的目的，因为如果做不到这一点，那么最容易发生的事情就是，饱尝混乱的人们会转向接受一个提供稳定价值与充满确定性的封闭社会。

从索罗斯的观点来讲，开放社会是一种只许成功、不许失败的建构。原因不难理解，因为我们是为了求新求变的目的而追求开放社会，扬弃封闭社会中的教条。然而，如果开放社会的运作不佳，让参与者未蒙其利、先受其害的话，那么自然会有人认为，与其生存在开放社会的混乱局面中，还不如生存在保有传统秩序的封闭社会里。换言之，封闭社会吸引人的地方出现了——拥有一套明确的信念。

久而久之，这套封闭社会的信念就会发展成为一套意识形态。意识形态有很多不同领域，但至少包含了坚定的信念。这些信念会降低人们对不确定性的恐惧，解决社会缺乏存在目的的茫然，或许也会减少人们必须求新求变与思考的麻烦。最后，在这种“因为想要避免混乱”而回到封闭社会的发展中，居然在众人的同意下，我们从开放社会又回到封闭社会了。

理念与现实的结合

索罗斯坦承，在通过辩证式论述分析开放社会与封闭社会的优缺点的过程中，他处在理念推理与现实政治的交杂因素之中。理念推理的关键是他采用二元对立论，认为开放社会与封闭社会是相互排斥的。实际上，这两个选项都是在“个人”与“群体”孰轻孰重之间的选择。而现实政治指的是，索罗斯在建构开放社会概念架构的当时，正处于以美国与苏联为首的两大阵营对峙的冷战时期。

在冷战期间，两大阵营拥有各自的意识形态，特别是在对社会的理解与规划上，双方提出了完全相反的看法。这些看法让群体主义与个人主义的对立直接转换成封闭社会与开放社会的对立。这是现实政治，也是曾经发生过的历史事实。这个事实让索罗斯更加认定，有关开放社会的概念架构必须达到一个兼顾理论与现实的境界。

本着可错论的基本精神，索罗斯认为这种概念架构有不完全符合历史发展的部分，因为其中包含许多纯理念的推理。但是，虽说如此，这种架构并非完全与历史无关，因为它确实也包含了一个历史规律。这个规律就是，无论是在传统政治中，还是在极权制度下，所有封闭社会存在的前提必然有意识形态，在国家威权的制度下，它将所有人联系在一起，并且降低社会中个人的自主意识，甚至在强烈信念的主导下，将社会的整体转换为“社会有机体”。

在两种社会概念相持不下的时候，索罗斯毫无保留地承认他对开放社会的偏好。因此，在 20 世纪 70 年代末期，索罗斯就致力于捐钱给他所认知的封闭社会。他捐助的第一个对象，就是在 1979 年还在实施种族隔离政策的南非。索罗斯提供奖学金，让南非的黑人有机会接受高等教育。当冷战结束时，索罗斯立即兴致勃勃地在美国成立“开放社会基金会”，为东欧那些国家提供捐款，帮助其发展开放社会的理念。

· 索罗斯成立开放社会基金会的缘由与争议

索罗斯是一位很特别的慈善家。成功的商人把赚到的钱捐出去，用于社会公益，这类案例在美国屡见不鲜。索罗斯的慈善事业显得很特别，体现在以下三个方面。

第一，他因为“黑色星期三”的投资绩效一战成名，变成知名的“金融巨鳄”、放空专家。后来，跟索罗斯有关的传奇故事不断发酵，在任何国家的金融市场里，只要有索罗斯出手的风声出现，都被视为不祥的征兆，让人不寒而栗。而索罗斯却以“慈善家”的名义捐款，这真的是坐实了我们常说的——鳄鱼的眼泪。

第二，索罗斯捐款是为了一个他赏识却又还不十分清楚的哲学理念，也就是开放社会。开放社会是索罗斯至为赏识的理念，所以他希望自己能够清楚地理解它，并践行这个他长期相信的理念。因此，他不但针对开放社会提出概念架构，还在有机会落实这个架构的时候马上出手，把握在全世界每一个能够建立开放社会的机会。

第三，不同于一般慈善捐款，捐赠方往往把钱交给“专家”去执行慈善专案，索罗斯总是事必躬亲，经常由自己决定哪一种社会需要“开放”，然后他经常飞到该地处理基金会的事务。一段时间之后，他会做判断，决定是继续援助该社会，还是终止当地基金会的运作。

支持索罗斯这么做的理由，就是他想要在全世界推展开放社会的理念。从 1993 年开放社会基金会正式成立以来，他已经捐款超过 110 亿美元。2013 年，开放社会基金会提出 8.73 亿美元的捐款预算，其额度之高，仅次于比尔·盖茨（Bill Gates）夫妇的捐款，居全美从事慈善捐款者的第二位。索罗斯不仅是真心捐款，而且有时还因为坚持开放社会的理念，得罪了许多所在地政府，搞得自己一身腥。这种吃力不讨好的局面，让我们不禁要问：为什么索罗斯要这么做呢？

一份特殊的慈善事业

1970 年末，当索罗斯管理的基金规模达到 1 亿美元，其中属于他个人的资产已达 2500 万美元时，他问自己：在有足够金钱的情况下，还需要做什么事情来充实自己的人生呢？经过几番深思后，他决定要实现他一生赏识的开放社会。当时，他其实连到底什么是开放社会都还不是很清楚，就依照波普哲学的原则，以自由民主为基础，企图通过捐款推动一个保护少数主义、遵守法治精神、遵循市场机制、维持和平发展的社会。

我们可以看出，索罗斯所讲的开放社会，其实就是一个让他这种过去一文不名的小人物，经过努力能够发财致富的环境。在这么强烈的个人目的之下，索罗斯成立的开放社会基金会的意义当然与一般的慈善基金有很大的不同。除了自己的慈善事业不同于一般人的认知，索罗斯还非常反对一般慈善事业的基本精神。

索罗斯认为，一般的慈善事业最终必然会产生所谓的“慈善的矛盾”。也就是说，受惠者变成捐赠方的依赖者，反而没有自立自强的能力，而捐赠方则因为习惯于享受被吹捧的感觉，也失去了做慈善的初衷。因为这个缘故，所以索罗斯经营的是一个非常低调的基金会，他对询问基金会运作的人说："你不用打电话来，我们会自行联络你！"对于基金会的业务，索罗斯则掌管一切决策权，包含判断哪些社会需要开放社会基金会的援助。

早在1979年开始，索罗斯就捐款给南非的开普敦大学，让受教育权利不公平的黑人在种族隔离的政策下，有接受高等教育的平等机会。但最终的效果并不是很好，可以说是以一事无成收场。

对索罗斯而言，这个失败的经验让他跨出了以捐款方式推动开放社会的第一步。在索罗斯撰写《金融炼金术》期间，他就已经热衷于进行这份独特的慈善事业。美联储前主席保罗·沃尔克在为《金融炼金术》作序的时候就提到了这一点：

> 索罗斯以极为成功的投资客著称于世，又经常相当聪明地能够比别人早一步获利了结。在赚得的资产中，他运用其中一部分鼓励过渡时期的新兴国家转型成为开放社会。开放的意义并不仅限于商业上的开放，更重要的是对新理念与不同思维模式及行为的开放。

这本书于1987年5月出版，当时让索罗斯攫取巨利的"黑色星期三"事件尚未发生，所以相对而言，他还是一个比较低调的人物。但沃尔克在那个时候就已经说出索罗斯推动开放社会的决心。这个决心直到今天依然可以在开放社会基金会的网站上清楚地看到。索罗斯说：

> 我在财经市场上的成功给予我比一般人要多的自足能力，这让我在有争议的议题上可以采取立场，事实上，正是因为别人没有这个机会，所以我有义务这么做。

索罗斯的这段话体现了他勇于冒险的胆识。从1980年开始，也就是在冷战还未结束的时候，他就已经在东欧的许多国家，诸如捷克、波兰、匈牙利推展他的开放社会计划。可以想象的是，在冷战期间想要在这些国家中建立开放社会，不但困难，而且也容易引发所在地政权的侧目。结果的确如此，除了匈牙利，其他国家的开放社会基金会都无法按照原有的理念发展。而在所有索罗斯支持的国家里，“开放社会”这个名词甚至连提都不能提，这种情况在索罗斯的老家匈牙利也不例外。

东欧与俄罗斯的经验

值得注意的是，索罗斯的基金会在匈牙利运作得非常成功，可以说成就斐然。这或许是索罗斯本身是匈牙利人，以及他在此维持了相当多人脉的便利条件所创造出的结果。从1984年起，索罗斯就进入匈牙利发展基金会的业务，最终以他的名义成立“索罗斯基金会”，运作卓越，每年仅以300万美元的预算，就已经让基金会被称为匈牙利的“地下教育文化部”。索罗斯对于这个比喻，感到无比的光荣。

追求处处“占先机”的索罗斯，并不忌讳冷战时期的政治对立，最先进驻到许多东欧国家。到了1990年，索罗斯已经在二十几个国家成立了基金会。但就在这个时候，惊天动地的事情发生了。苏联解体，东欧国家纷纷脱离原有的阵营。这些国家的人民从直觉上认知，讲求自由民主的开放社会胜过原有的封闭社会。索罗斯看到这个机会，想起了1944年纳粹德国进入布达佩斯时他的父亲对他说的话：“这是非常时期，一切要以非常的手段面对它。”

自认是可错论专家的索罗斯察觉，这是一个推广开放社会千载难逢的好机会。他坚信这是一个像父亲提瓦达所说的“一切事物都有可能”的机会。他甚至想起父亲曾经说过的一个例子：第一个进入企业管理办公室的人可以立即接收企业，而当第二个人进入办公室的时候，他就会发现办公室里已经有人在主导一切了！

索罗斯下了决心，要成为进入苏联解体后的东欧之第一人。不同于所有其他的政府与个人，索罗斯带着三项必要条件，也就是他的政治信念、庞大资金以及他对时机的判断，将所有的精力投入基金会的运作。当时，没有其他基金会或团体以如此快速的方式进入这个区域。这个时候的索罗斯，甚至在对当地法律条文都还不是很熟悉的情况下，就以先占先赢的方式开始推动他所赏识的开放社会。

到了1991年，立即展开行动的索罗斯已经在解体后的苏联与追求民主改革的二十几个国家建立了基金会，其中最成功的仍旧是匈牙利。在那里，他成立了一所大学，叫作中欧大学（Central European University, CEU）。而最失败的经历，应该就是在俄罗斯叶利钦（Boris Yeltsin）总统任内参与推动市场经济的计划。

在东欧推动开放社会的索罗斯，原先并没有想要建立任何常设机构，更不要说办大学了。但是在1991年苏联解体后，东欧各国出现改变原有体制的情况时，索罗斯认为，这些国家应该在理念与实践上推动开放社会，而且需要从知识与政治的脉络上去理解开放社会理念。因此，索罗斯以尝试错误的方式，在没有任何详尽的规划下，于1991年9月开设课程，几个月后中欧大学成立。

至于在俄罗斯的情况，就完全不一样了。索罗斯原先想在俄罗斯做的事情太多了，因为美元在俄罗斯十分好用，加上俄罗斯当时对美元的需求量很大，所以带着大笔美元前往俄罗斯的索罗斯，总是能够做出一些他在其他地区不曾做过的事情。例如，他成立了“国际科学基金会”（International Science Foundation），捐款1亿美元，发放给每一位知名的科学家每年每人500美元的奖学金，一共为25000多名科学家发放了奖学金，总花费还不到2000万美元，其余的钱则用来补助研究专案。

事后，当索罗斯被问到为什么要特别在俄罗斯为了保留科学成果而努力的时候，他说：“一方面是因为俄罗斯拥有非常不同于西方的科学传统；另一方面，科学家就其工作与研究而言，比较能理解及支持开放社会理念。”索罗斯这么毫不掩饰地在俄罗斯推动与政治相关的开放社会，自然也导致他的基金会不久就遭到俄罗斯国家杜马（State Duma，俄罗斯国会）的调查。不过正如索罗斯所预想的，在一群科学家的支持下，最终国家杜马对他的所作所为表示同意。

比较有争议的是，索罗斯高调介入苏联解体时从计划经济转向市场经济的过程。早在 1988 年索罗斯就已经向苏联政府提出建议，在计划经济中引入市场经济，这个计划虽然获得官方的支持，但当局不久就发现，这种双轨混杂的计划根本就是行不通的。当时，苏共中央总书记戈尔巴乔夫（Mikhail Gorbachev）提出将苏联从计划经济过渡到市场经济的计划，名为“沙塔林计划”（Shatalin Project）。索罗斯参与了这项计划，还带领苏联代表团在 1991 年参加世界银行与国际货币基金组织召开的联席会议，亲自为苏联争取国际资助，但最终失败了。

那个时候，国际融资机构对于拿钱帮助苏联的兴趣似乎不大。事后，索罗斯对于这件事情耿耿于怀。他认为国际社会缺乏远见，无法理解这件事情从长远来看的重要性。可惜的是，索罗斯当时尚未成名，以至于人微言轻，未能实现理想。这个理想未能落实的结果，是苏联的经济逐渐从衰败走向混乱。1991 年 12 月，苏联解体，俄罗斯联邦宣布成立，叶利钦担任第一任总统。1995 年到 1996 年，叶利钦总统在需要资金竞选总统的情况下，误信谗言，提出恶名昭彰的用拍卖国有公司股权进行借款的计划。索罗斯虽然没有直接参与这项计划的制订，但他确实在国家资产拍卖会中认购了俄罗斯最大的电信公司西雅兹。

事后，索罗斯解释，他参与认购该公司股票的理由是，想要以合法的方式参与俄罗斯市场经济的发展。但没过多久，索罗斯就发现这是他一生中最差的投资。只求牟利不问平民百姓死活的资本家们自相坑杀的结果，不但让索罗斯原先打算以慈善事业开创开放社会的理想蒙尘，而且让他在俄罗斯连自己的投资能力都遇到被否定的命运。

在这个俄罗斯与索罗斯双输的局面中，因为俄罗斯的政局混乱与经济衰败，人民开始憎恨所有一度鼓吹建立西方式自由民主的人士，其中当然也包含索罗斯。而索罗斯也不客气地指出：西方的金融机构，例如世界银行和国际货币基金组织，对俄罗斯的危机不闻不问，任意让其分裂沉沦，导致民族主义高涨的局面出现；对于这个结果，西方世界不能推卸责任。面对这种令人不满的双输局面，索罗斯承认挫败，但依然不愿意放弃他对推动开放社会的追求。

索罗斯仔细思考俄罗斯改革失败的原因后发现，长年的中央集权制度导致政府缺乏运作上的弹性，当中央集权退位之后，各个机构转而以利益交换的方式作为运作的新模式。这个新模式，依照弱肉强食的丛林法则，一切毫无章法，使改革的秩序大乱。原先改革追求的是打破旧有体制，但是失去中央集权制度后，并没有出现稳定局面的新体制。在取而代之的局面中，贪婪之人肆无忌惮地以低价卖出高价的国有企业资产，加上政治上的贪污腐败，社会的分离与无助，这些情况的汇集，最后让人发觉，俄罗斯在改革过程中，可能经历了人类经济史上最荒谬与混乱的一页。

俄罗斯进行改革的最后结果是，实际从事生产的人完全不能够分享改革的成果，而从中牟取暴利的人却拉大了原本就已经极端悬殊的贫富差距。这使得俄罗斯不但没有因为改革而迈向开放社会，还因为这场贩卖国有企业资产的闹剧，破坏了原先维持社会秩序的意识形态、国民道德、政府机制和经济秩序。这些因素原本是这个国家得以整合的重要基础，但在失去它们之后，俄罗斯已经无可避免地进入一个分崩离析的社会。

更可怕的是，正如同反身性理论所预测的滚雪球现象一般，民众对于体制改革失败后的不满情绪持续加深，让混乱的情形持续扩张。在这种情况下，一心一意想要推动开放社会的索罗斯发现，这是一个从实际角度检视开放社会理念的大好时机。

对概念架构的修正

首先，索罗斯依然坚持开放社会比封闭社会进步。但开放社会需要一个让所有人一方面可以维持不同意见，另一方面又能够聚集在一起的社会结构。想要做到这两方面的结合，也就是集结个人与群体，并不容易。所以，他才通过基金会的运作，由外而内地去推动开放社会。但是，在俄罗斯的失败经历，迫使索罗斯开始修正他最先为开放社会所设计的概念架构。

在旧有的架构中，索罗斯认为开放社会与封闭社会是两个相对的概念。也就是说，一个封闭的社会在自由民主制度的运作下，必然会向开放社会发展。值得注意的是，原先索罗斯认为，从封闭社会向开放社会发展，不但是进步的象征，也是历史发展的必然结果。但“后苏联时期”的经验告诉他，这并非历史发展的必然结果。一个封闭社会并不一定会向开放社会发展，因为封闭社会的瓦解与分裂有可能持续一段很长的时间，或许到了最后才会逐渐稳定下来，但那段混乱时期足以破坏一切理想。

究其原因，主要是：开放社会不但会被教条、意识形态、集权政治威胁，也会受困于社会混乱与失败的政治。这让索罗斯想起原先从波普那儿学到的开放社会理念的原始精神。波普认为，让开放社会无法实现的原因就是“集权政治”。而索罗斯在这个架构上又提出了自己的看法，他认为，如果“人”过度自由，或者社会发展缺乏长远目标，会让教条与意识形态重新吸引群众，反而又会踏上封闭社会的回头路。

现在新的状况出现了，封闭社会在经历了混乱的局面、失能的国家系统之后，会持续地分崩离析，迈向开放社会之路必然会中断。因为这个缘故，索罗斯开始着手修正他针对开放社会所建构的概念架构。

在他的修正中，开放社会与封闭社会的二元对立中的“二元”被改为三元。这三元分别代表了封闭社会转向开放社会的三个发展阶段，首先是封闭社会的静态不均衡状态，然后是混乱局面下的动态不均衡状态，最后才是介于这两种状态中间的比较接近均衡状态的开放社会。

若把它们合在一起看，这三种状态主要说明的是：由于封闭社会中的“教条”会钳制人们的思想，久而久之，自我蒙蔽的现象必然出现。在封闭社会向开放社会转型的过程中，这种自我蒙蔽现象若暴露在转型中相对“比较进步”的社会时，就会打破原有的均衡假象。同时，如果在打破旧有体制的过程中充满太多不切实际的理想，那么又会陷入自我蒙蔽的假象。

索罗斯以水的固态、液态与气态来形容上述三种状态。他说，固态指的是封闭社会，气态指的是混乱的局面，而居中的液态就像开放社会，是最好的，因为它既有流动性，又有方向感。他认为固态是不动的，而气态是不静的，这都不是理想社会应该维持的状态。这当然是一种一厢情愿按照自己的理论来自圆其说的比喻。主要原因还是开放社会在理论上或许有其优越性，但在现实层面上，却不是想象中那么容易施行的。

索罗斯坦承，他赏识“开放社会”的理由相当主观。但他认为，一个对内与对外维持开放的社会，必然会是一个比较好的社会。虽然他对开放社会充满了信心，但是有一件事情倒是让他觉得非常意外。他发现，美国在2001年9月11日遭受恐怖袭击后，这个有200多年历史的开放社会，居然在小布什总统的领导之下，开始走向封闭社会。索罗斯认为，美国作为世界强国，有责任也有义务维持开放社会。因此，他转而将开放社会基金会的业务转回到了美国。

· 霸权泡沫，美国的开放社会怎么了

2001 年 9 月 11 日，19 名恐怖分子劫持了 4 架民航客机，其中两架客机撞击了纽约世贸中心，造成 2749 名无辜的美国民众死亡。这场发生在新世纪伊始的恐怖袭击事件，让美国这个第二次世界大战后唯一世界超强的开放社会走向了一条令人诧异的道路。对索罗斯而言，这条道路就是美国社会开始向封闭社会发展的道路。

当利益重于真实，社会终究会远离开放

事实上，早在“9·11”事件之前，索罗斯的开放社会基金会就已经在美国开展他所谓的“慈善事业”了。这些事业集中在两个方面，一方面是索罗斯捐钱，让社会经济议题公开化。例如，关于死亡与毒品。另一方面是索罗斯反对美国的专门行业向商业化发展，尤其是在法律与医疗方面。前者针对的是普遍存在于美国社会中但大家都避而不谈的事情。所以索罗斯算得上是“哪壶不开提哪壶”。后者批评美国商业化风气过重，导致美国法律界与医疗界为了赚钱，只重视利益而不重视真实。坦白讲，这两方面的事业都不讨喜，这让索罗斯在美国成为一个不受欢迎的人物。

“9·11”事件发生之后，时任美国总统小布什的众多作为让索罗斯

忧心忡忡。他认为，小布什在“9·11”事件后发动反恐战争，其施政作为是愚弄百姓，在开倒车，且轻易地否认美国先烈先贤所设定的民主价值，转而借着反恐的名义，钳制言论自由，发动入侵伊拉克的战争。这一连串举动，既拖累美国，也使其他国家对美国领导世界的能力大表怀疑。其实，就算怀疑美国的领导能力也没有用，因为面对世界唯一的强权，其他国家没有别的办法。

既担心美国社会，又担忧世界秩序的索罗斯，此时可以说是奋不顾身。2004年，当小布什总统竞选连任的时候，索罗斯认为此时正是把小布什拉下总统宝座的大好时机。在“反辅选”的过程中，索罗斯把他的经历写成一本书，取名为《美国霸权的泡沫》。

在这本书中，索罗斯开门见山地讲，小布什利用“9·11”事件，转变了美国外交政策的原则。他说，国际关系是权力关系，不是法律关系。权力胜出，法律就为权力背书。毫无疑问，美国在后冷战时期拥有最重要的权力，因此美国可以将它的价值观加诸世界之上。这个世界曾经一度因为美国的强大而获得利益，因为在过去，“美国价值”展示了它的优越性。但是，在“9·11”事件之后的表现中，美国未能展示其手握权力应有的潜能。这种做法必须改正，而且美国应该恢复自己过去领导世界的地位。

美国原有的优势就是开放社会。在一个开放社会中，最珍贵的理念就是允许批判，甚至希望每一位公民都具有批判性思维。而这正好就是

"9·11"事件之后小布什总统所压制的。小布什总统利用国家受到袭击的悲情发动反恐战争，从而获得大多数人对反恐政策的认可，并顺势破坏了开放社会中的批判性思维。这是美国转向封闭社会的原因，也是索罗斯利用2004年小布什竞选连任的时候，捐了50亿美元对其进行反辅选的主要理由。

结果，小布什连任成功了。这让索罗斯不得不将问题转为：美国选民到底怎么了？为什么美国选民会支持小布什连任呢？在索罗斯看来，最主要的原因大概就是选民并不觉得他们被利用了，或者说，他们被反恐战争的激情冲昏了头。那么，是什么因素导致美国大众这么容易相信小布什总统的反恐策略呢？答案居然是一种在美国流传已久的风潮——只问成功与否，不谈是真是假。

开放社会基金会在美国发展的初期，索罗斯企图改革法律与医疗过度重利的趋势，因为他发现美国的专业精神不断下降，取而代之的是以成就论英雄，尤其是以财富多寡作为判断成功与否的依据。这种风潮渐起，求真的精神在追求物质成功的影响下必然受损。在这个关键的时候，索罗斯反问：不重视真实又有什么问题呢？

对于一生赏识开放社会的索罗斯而言，这是一个很有意义的问题。"真实"是开放社会的核心概念，因为开放社会能够进步的主要原因，就是在开放社会中，虽然绝对的真实不可得，但这并不表示绝对的真实不存在。不断地追求真实，就是持续进步的最大保证。社会发展若趋向真实，就不会出大错；若是背离真实，不免会酿成大祸。

为了避免大祸，开放社会支持发扬批判性理性，认为唯独如此，人们才能够经常修正现有错误，不至于脱离真实太远。这是开放社会从波普开始就坚持的原则，不过索罗斯却注意到一个他不曾问过，却与美国现状息息相关的问题。这个问题是：如果真理不可得，那么为什么不通过人为操作，告诉人民操作后的“真理”呢？

对于这个问题，索罗斯觉得有必要再次修正他对开放社会所建构的概念架构。索罗斯原先认为，因为操作下的“真理”是假的，所以人们终将面对真实。当真实不留颜面地显露时，虚假的操作就会在真实中暴露无遗。不过，在小布什总统连任成功以后，索罗斯发现，这种求真的精神只是他个人的立场，很多人却认同相反的事：既然绝对的真实不可得，那么相对于信念而存在的“真实”，就是给人们求真最重要的回馈。

在反身理论的灯塔下，美国社会的真实状态

在美国人的信念中，美国是最强大的国家，不容受到攻击，而且万一有什么事情发生，美国应当具有先发制人的军事能力。这是美国人相当普遍的认知，其实也无可厚非。再加上讲求批判性理性的开放社会是一个哲学概念，但哲学并不是美国人偏好的领域。美国人本着传统中的实用精神，做事只问有没有用，事后只问有没有效果。在这种只讲实际用处，不问内在价值的传统中，美国虽然表面上维持了200多年以自

由民主为基础的开放社会，但就其国民所展现的文化传统而言，美国人其实需要更深入地理解一个事实——他们依照信念所建构的社会，还不是真正的开放社会。索罗斯用反身性理论解释，为什么美国民主的运作依然不能够符合开放社会的要求。

美国民主在科学理性最受肯定的时期萌芽，也就是18世纪启蒙时代的产物。在那个时期中，受启蒙的人认为，"科学理性"是人们用来理解社会的唯一标准，而所有在理性之外的传统标准，都是蒙昧的与非理性的。美国的宪法延续了启蒙时代的理性精神，通过三权分立的制度，写下著名的《独立宣言》(*Declaration of Independence*)，奉行如初。问题就在这里，在建构完美宪法的心态下，美国的立国精神追求的是长治久安，想要以"一次到位"的方式，建立起永恒不变的自由民主制度。然而，伴随着知识的发展，开放社会不单是一种不变的制度，还是一种随时修正下的成果。

对索罗斯而言，天下没有掌握真理的理论。因此，对现状维持批判的态度，反而是与真理保持最近距离的方式。维持开放社会的目的，就是让每一个人都能够自发地拥有这种态度。美国社会逐步脱离开放社会的重要原因，就是开放社会在美国已经变成一个"静态的认知"，甚至是一个不会改变的信念。坚守不变的信念，就有教条化的倾向，而奉行教条为真理的规则，相对而言是比较容易的，大致上就是不断强调该信念有用，而理由就是这个信念是"真实"的。

在“有用”与“真实”的交相运作中，两者形成如同反身性理论所描述的涡旋效应，造成像滚雪球一样的结果，最终让美国成为一个自我感觉良好的社会（A Feel-good Society）。一个自我感觉良好的社会，其实是很脆弱的，因为它没有勇气面对真实，只能存在于被扭曲的真实中。

当教条可以操作成“真理”，但实际操作的目标又以人民的意愿为主的时候，这就不是真理，而更像是一厢情愿的想法。这种想法偏偏又依附在美国人对外在世界的理解中，甚至依附在追求用处胜过真实的价值体系中。在讲求实用的美国社会里，当“9·11”恐怖袭击发生时，被惹火的美国人会以“被冒犯”的情绪，同意扩大政府的行政权力，以国家安全为由，在国内限制公民权利，在国外发动反恐战争，同时禁止国内外的批判声浪。索罗斯认为，最奇特的是，这些都成为可以被美国民众容忍的事情。

对于以上状况，索罗斯是不能容忍的。终其一生赏识开放社会的索罗斯，身体力行，除了不断捐钱在世界各地成立开放社会基金会之外，还建构了一套概念架构来解释什么是开放社会。最重要的是，他一直延续可错论的精神，不断地修正这个架构。从青年时期在伦敦政治经济学院念书开始，当第一次听到开放社会这个理念时，索罗斯就极度赏识。他对概念架构进行过好几次修正，力求准确地掌握开放社会的内涵。

最终，索罗斯回到美国。美国应该如何维持它的开放社会？针对这个问题，他语重心长地说：“开放社会并不是一个完整的政治理论，因为如果是，就会让这个理念陷入矛盾。只有在封闭社会，才有可能形成一个完整的政治理论。”所以，在一个社会中，开放社会只能像一座灯塔，至于在灯光照耀下，我们要认同什么东西真的存在，就在于允许不同的团体甚至不同的个人有不同的意见。

在一个开放社会中，应当允许少数人不认同开放社会，只需要多数人认同这个理念即可。关键是，这并不表示这些人在开放社会中可以各说各话，互相对抗。开放社会能够化解歧见的原因，在于它提供了一个让大家沟通的平台。在这个平台上，大家的共识不是追求自由，而是追求真实。简单来讲，开放社会是追求自由的必要条件，却不是充分条件。

在开放社会中，我们未必能够拥有令每一个人都满意的自由，但若不是生活在开放社会中，我们绝不会拥有任何形式的自由。因此，在开放社会就像灯塔的比喻里，它所照耀出来的光是求真实的光，而不是求自由的光。这是终其一生赏识开放社会的索罗斯，在年过七旬之后，对开放社会的目标与运作方式所提出的最佳诠释。这也是索罗斯一生当中所展现的最重要观点，而这个观点长期存在于他的意识当中。

·第七章·

余年时期：认识自己的意识

一个已届迟暮之年的亿万富翁，
为什么还要高调讨骂？
难道他不知道，
只要一直潜于水中，不轻易露面，
就可以避免很多不必要的麻烦吗？
答案只有一个——
索罗斯是有意识地这么做的。

1930年出生的索罗斯，目前已经进入他精彩人生的余年阶段。从外人的眼光来看，不必讳言，他的人生之所以精彩，主要的原因当然是他赚了很多钱。然而，在这个世界上，赚大钱的人太多了，财富不是精彩人生的充分条件，甚至不是必要条件。那么，索罗斯的人生究竟精彩在哪里呢？对于这个问题，我用两个字概括——高调。

虽然赚大钱的人不少，但像索罗斯这样通过出书记录他赚钱经验的，是绝无仅有的（以《金融炼金术》为例）。其实，何止赚钱，就连慈善事业、哲学推广、评论政治、媒体曝光等，索罗斯都以极为高调的态度参与。直到今天，索罗斯成立的开放社会基金会已在全球37个国家和地区有了驻点机构，从事推动开放社会的事业。索罗斯为了推广他的哲学，出版了十几本书，并且通过它们在介绍反身性理论的过程中，不断地强调主流学术人士普遍犯了追求完美理论的错误，指出被他们忽略的“会出错的理论”才是真正有价值的思想。

在政治方面，索罗斯本是比较低调的，但是在2004年之后，索罗斯公开批判小布什的反恐策略，并且斥资50亿美元进行反辅选活动，希望把小布什从连任之途中拉下马。索罗斯在“黑色星期三”之役后接受众多媒体采访，成为媒体的宠儿，似乎相当自豪于自己在外汇市场中的成就，对别人对他的批评也丝毫不以为忤。

任何注意索罗斯相关新闻的人，都会发觉这个人实在是太特别了。他不但高调地从事所有他想做的事情，而且还持续地通过文字、图片与视频影音，不断地展示他的理想。在这么长时间的曝光中，我们不免好奇地想问：索罗斯到底知不知道自己在做什么？我们问这个问题的主要目的是想知道：在索罗斯的意识中，他这么做的理由是什么？难道他单纯是因为有钱之后想要出名吗？

答案是否定的，因为在他所拥有的名声中，有相当大的部分是受到各界批判的，甚至是负面的。还有人认为，索罗斯的嗜好是颠覆别人的政府，目的是获得更大的利益。甚至也有人直接认为，索罗斯是资助所有反对运动的幕后人士，目的就是在世界各地制造动乱。总而言之，在这些人的心目中，索罗斯就是一条活生生的“金融巨鳄”，每天假惺惺地以做善事的名义潜于水中，等到机会来了，就会立即掀起金融风暴。

且不论以上说法的对错，我们必须要问的是：为什么索罗斯要高调行事，导致这么多对他的批判呢？难道他不知道，只要一直潜于水中，不轻易露面，就可以避免很多不必要的麻烦吗？答案只有一个——索罗斯是有意识地这么做的。通过自我意识的发展，索罗斯知道，他能够如此高调行事的理由来自他的财富，是他的财富使他出名，使他成为媒体的宠儿。

索罗斯想高调地实现毕生的志向，就要针对从出生到余年的人生目标做有意识的反省，重新认识自己。认识自己，是哲学界自苏格拉底以来最有启发性的一句话。这句话的意义不在于传达什么样的信息，而在于让每一个人通过反省来重新建构自我。这个自我，并不仅仅是过往人生的回忆或复制，而是更为深刻的超越。通过超越自己的人生，人才能够进入一种肯定自我的状态。

在索罗斯意识的成熟时期，他针对自己的财富分配、族群认同与人生态度有不同的反思。这些反思包含了三个部分，即叙述索罗斯的现在、过去与未来。索罗斯的现状是，他因为投资的成就而肯定自我。当这个事实在众人心目中成为津津乐道的传奇故事时，索罗斯有意识地利用这个事实，让自己获得了名声与权力。

索罗斯对于自己的认同，也就是对犹太人血统的认同。对此，他除了引以为傲外，也着重说明，他身为犹太人如何在心路历程中辗转认知许多和人道主义相关的普世价值。最后，索罗斯在余年谈到了理想的实现。他认为，钱并不是最重要的，把钱留在市场也不是必要的，甚至花钱都不是他人生中最主要的事情，最重要的是——他在历史上的定位。

· 赚到钱了，然后呢

索罗斯意识到，他能够拥有今天的名声与地位，原因不是他创造了一个“比较真实”的哲学理念，而是因为他在投资上的成功。事实上，在投资成功以前，他的理念是完全不受到别人重视的。可是，索罗斯在投资上创造的传奇纪录，让他的理念受到大家瞩目。这些纪录包括：他是最成功的私募基金经理人，缔造了无比辉煌的投资纪录；他也是最早注意到“广场协议”会产生什么意义的人，并先人一步提出放空美元的策略；他不只是《金融炼金术》的作者，还是“黑色星期三”事件中令英国央行溃败的主导者。

这些纪录让索罗斯成为财经史上的名人，也间接地让他享有评论世界经济局势的权力。对于这些权力，索罗斯是如何看待的呢？索罗斯充分地利用这些权力来实现他的愿望，这就是让他的理念能够借由他的权力，传达到世界上的各个角落。其中，最重要的就是他的开放社会理念。换言之，赚钱是索罗斯出名与得到权力的手段，而他的真正目的则是实现他的开放社会理念。索罗斯曾经回忆，在他出名之前的岁月中想要实现理念有多么困难。

在 20 世纪 90 年代初期，索罗斯曾经想要帮助苏联寻求国际货币基金与世界银行的援助贷款，结果因为自己名气不够大，所以没有实现帮助苏联的愿望。在这段时间里，索罗斯为了宣扬开放社会理念，曾试图会见美国老布什总统（George H. W. Bush），说明此计划的内容，但没有得到回应。后来，他想要拜访英国首相撒切尔夫人，向其解释他的理想，同样也没有下文。甚至在苏联设置基金会的同时，他都没有机会直接与戈尔巴乔夫总书记见面。不但如此，即使索罗斯的基金会最早进入东欧，但在索罗斯出名之前，所有他写的有关世界政经局势发展的文章，都没有机会发表在《华尔街日报》《纽约时报》等西方主流媒体上。

这些挫折让索罗斯觉得很无奈，因为他引以为傲的理念，例如开放社会理念与反身性理论，都没有得到重视。然而，在“黑色星期三”一役后，在很短的时间里，他瞬间成为投资界的传奇人物。这时虽然他不能真正地呼风唤雨，但大致上已经能够主宰市场的走向了。面对这件事情，索罗斯觉得很讽刺，因为是他赚钱的能力才使得他的理念受到关注。

索罗斯深有感触地问道：金钱，是获得权力与名声的手段，但是一旦拥有名利的时候，又要用它来做什么呢？是为了赚更多的钱吗？极有可能不是，因为投资赚钱只需要默默行事即可，不用如此大张旗鼓，这反而容易打草惊蛇，得不偿失。同时，在讲求法治的社会里，操弄个人权势图利是违法的事情。但是，索罗斯依然经常利用媒体争取发言权，还因此得到英国媒体的聚焦，称他为“击败英格兰银行的人”。

通过媒体的宣传，索罗斯致力于推行他的开放社会理念。这是他毕生最推崇的理念，而且他也期盼开放社会的种子能够遍地开花。其实，开放社会作为一个理念，只是表面的，在更深层面上，索罗斯借由阐释开放社会，来对他的家庭成员、童年往事、教育内容和人生目标发表自己的见解。索罗斯想要通过他不一样的人生来告诉所有的人，他如何凭借一己之力克服人生历程中的所有困难，并取得成功。这是他高调做事与自我肯定的原因。

当媒体对这个几十年前身无分文来到西方世界的犹太小子的身世充满好奇的时候，各界自然对这个成功的故事充满兴趣。索罗斯就借着这个机会，宣扬他的理念，可是正面报道并没有持续太久，在一段时间后，天生嗜血的媒体开始转而攻击他。面对媒体的攻击，索罗斯对绝大多数的报道都不以为然，只有一件事情让他感到特别困扰，那就是有人攻击他是“犹太人”的这个事实。

· 最佳“犹太阴谋论”男主角

没有人可以清楚地说明，为什么犹太人在欧洲会长期受到怀疑与歧视。更没有人能够解释，犹太人的成就与他们“必须创造成就以求自保”之间，何者为因，何者为果。这些令人困惑的因素汇集在一起的结果，就是有为数不少的欧洲人认为，犹太人凭借其聪黠的智慧，设计出一个征服世界的“阴谋”。

这个“阴谋”，在索罗斯身上有了具体实现的机会，让他成为最完美的攻击对象。以索罗斯的财富、理念与名声，加上他对家庭、教育、成长过程及理论建构的高调说明，让一些人不得不起了疑心，怀疑索罗斯就是一个想要用钞票征服世界的犹太人。持这个“阴谋论”的人认为，索罗斯希望世界在金融动荡下出现不安，好让他的团队坐收渔翁之利。对习惯于在自由经济中竞争的美国人而言，这种指责他人的“阴谋论”很荒唐，因为在自由经济的环境里，成功与个人表现相关，却与出身于哪个族群无关。

但是在欧洲的情况就不同了，尤其是在东欧。几百年来，东欧的“反犹太主义”犹如一个注入人心的神话。尤其是每逢局势动荡的时候，就有许多人怀疑：是不是犹太人又在搞鬼，弄得社会混乱不安了？索罗斯在20世纪90年代进入欧洲推动开放社会时，因为理念差异过大，蒙受当地人与政府的疑心猜忌，反犹太主义的“阴谋论”再次不胫而走。

这是索罗斯深受困扰的事情，身为犹太人的事实确实对他影响深远。索罗斯在14岁的少年时期，就曾面对纳粹的大屠杀。对任何人而言，这一段经历都会是影响一生的重要因素。索罗斯自己承认，作为一个犹太人，自幼面对生死议题，对他的一生来说都是影响至深的难忘体验。

直到有钱之后，索罗斯才有足够心思面对这个长期以来的内心冲击。他认为，犹太人在面对歧视的时候，往往会表现出两种态度：不是追求普世价值，超越歧视，就是认同歧视的政策，转而歧视外人。前者的结果就是建立开放社会，而后者的成就就是以色列建国。

索罗斯属于前者，强调开放社会这种具有普世性的理念。然而，如同大多数犹太人，他对以色列的向心力还是很强的。他甚至认为，国族的认同对建立开放社会是很重要的因素，因为国族认同可以维持开放社会中所坚持的多样性。

我们很好奇地想知道：在索罗斯的意识中，身为犹太人有什么样的感觉？索罗斯坦承，他一生中花费非常长的时间，终于拥有以身为犹太人为荣的认知。这并不容易，因为作为一个想要同化于社会之中的犹太人，他一直能够感觉到作为少数族裔的不舒适感。直到索罗斯的经济地位稳定之后，这种感觉才逐渐淡化。他认为，虽然犹太人是一个少数族群，但是这个族群在科学、经济、艺术方面的表现确实令人惊叹。这些表现让人觉得，这个族群对世界做出了许多超越族群比例的普世贡献。

犹太人之所以能创造超出族群比例的成就，极有可能因为他们是少数族群。一个少数族群在面对未来的发展时，更要及早做出可能出现变化的准备。这种准备使得犹太人在面对未来的不确定性时，自然以一种批判的态度思考未来的变化，甚至连矛盾的想法都是其思考的对象。索罗斯认为，批判性思维与创造力紧密相关。如果他因为是犹太人而具有优势的话，那么这个优势必然是他在年轻的时候就养成的批判性思维。

再者，如果还有什么犹太人要素塑造了索罗斯的人生观的话，那必然是犹太人的乌托邦理念。这个理念也与犹太人作为少数族群有关。因为要求生存，犹太人会追求一个理想，在这个理想中，大家和平相处，不启争端。最重要的是，在这个理想中，所有的族群彼此尊重，公平竞争。

因此，如果要问，犹太人族群的特殊背景塑造了索罗斯人格的哪些部分时，答案必然是批判性思维与乌托邦理想。对于这两点，索罗斯感到很骄傲。当然，这种感觉依然无法消除犹太人长期被怀疑的阴影，也没有可能阻止人们停止从历史的误解中看待犹太人。索罗斯只能做他自认为应该做的事情，把这些“阴谋论”的观点抛之脑后。对索罗斯而言，人生最重要的目标就是要实现他长期信奉的理念。

· 索罗斯的人格特质与理念

索罗斯一生中做了很多事情，这些看似杂乱的事情大致可以分为三大类：赚钱的本领、捐钱的决心，以及与钱无关的哲学。对一般人而言，这是风马牛不相及的三件事，但对索罗斯而言，它们是相互关联的。

青少年时期所发展的哲学思想，虽然是索罗斯的最爱，但是在孤芳自赏的限制下，他必须暂时先将自己心仪的哲学束之高阁，转而从事他拿手的工作，也就是赚钱。赚到钱后，索罗斯“难忘旧情”，立即重温他的哲学，并且以开放社会为理念，开展实现他理想的工作，成立开放社会基金会。

如果不从索罗斯的人格开始分析，我们就没有办法掌握他的哲学思想，更不要说理解赚钱、捐钱与哲学理念三者的辩证关系了。换言之，索罗斯的人格特质决定了他的一生。他非常清楚地知道，自己的人格造就了财富与名声，而他也有义务与权利善用这些人格上的特质。整体而言，索罗斯的人格特质中有以下三方面是最突出的。

勇于实践理念，并在实践中修正理念

索罗斯勇于从行动中尝试新的理念，并且这些行动的结果可以转化为自我批判的依据，修正原有理念中包含的错误。从年轻的时候开始，索罗斯一方面花很多时间去理解一些理念，另一方面他早就明白，真正能够有效理解理念的方式是行动。当哲学理念未能为他带来生活上的安稳时，索罗斯立即转向市场，以哲学为本，从事投资。

索罗斯对自己能够作为一个有理念的行动者而感到骄傲。对索罗斯而言，将理念与行动结合的选择，是他最有效的学习方式。偏爱思考理念的他，往往将理念付诸实践，而实践的结果经常迫使他不断地修正理念架构。有时候，他甚至陷入深深的自我怀疑之中。最明显的例子就是索罗斯对开放社会的理解。

我们说过，索罗斯因为自己青少年时期的经历，在初次了解到波普的开放社会理念时，就将之视为一生中最赏识的理念。可是开放社会这个来自波普原先所讨论的知识论（尤其是可错论）的理念，是很难与现实社会联结在一起的。在波普的哲学中，开放社会一直只是一个乌托邦式的理念，并没有付诸行动的计划；波普甚至没有针对什么是开放社会提供一个明确的定义。

在这种情况下，索罗斯不但自行针对开放社会提供了概念架构，而且将其应用于世界上许多需要改革的封闭社会。坦白地说，很少有人会如此大胆，把一个连定义都说不清楚的理念直接通过具体的行动落实在社会中。在苏联解体前后，索罗斯几乎以“尝鲜”的方式，将开放社会理念以实际行动推展至多个东欧国家。

很遗憾，这些推展的结果，虽然成功与失败的程度不一，但严格地讲，至今仍未实现索罗斯所期待的理想的开放社会。实际上，索罗斯的做法在当地政府眼里褒贬不一。大多数人都是看在他捐款的份上，舍不得拒绝开放社会基金会的运作。开放社会基金会的运作让索罗斯学习到了很多。比如在苏联解体后的东欧，要在这么一个全新的政治格局中推行开放社会的理念，索罗斯就提到了他的心得，他说：“在这种情况中，我获得了建构开放社会的实际经验。我学到了很多，发现了一些我应该预先知道的事。例如，封闭社会的崩解并不必然使它向开放社会发展，因为崩解的现象会持续到另一个与崩解前类似的政权出现为止。而这个新政权，绝对不会是开放社会。”

体会到这一点之后，索罗斯把质疑的矛头指向了他的恩师波普。他指出，波普以“视之为当然”的态度，认为在开放社会中自由论述的目的就是要自然地追求真理。但是，索罗斯本人却一直在反身性理论的启发下，不断地强调“人的操控能力远大于人的认知能力”。这个事实，不但是他驰骋于财经市场中的思想工具，更是他对人性最深刻的反省。但问题是，波普竟然执意相信：人的认知能力胜过一切，最终会获得客观的真理。

索罗斯是如何理解他与波普的差别呢？他说："更糟的情况是，用反身性理论解释财经市场的我，竟然没有注意到波普的开放社会基于一个假设——认知功能超过操控功能。也就是说，我们在追求真理，而并不仅是操控人们相信我们想让他们相信的事物。"

在这一点上，索罗斯意识到，这并不是一个"以什么策略来操控人心"的问题，而是一个"以什么态度面对人生"的问题。在政治社会中，我们不应该哄骗大众，取得权力，而应该相信客观真理，推动进步。对索罗斯而言，波普的理想具有至高无上的价值，也就是客观的真理必须是我们认知的目标。问题是，要如何让这个目标实现呢？面对这个问题，他承认，虽然以一己之力做了这么多事，但最后他发现，要落实开放社会是一件困难重重的工作。然而，这绝对是他一生中不断追求的目标。

爱好思考，以论证客观真理为方向

对于一般人而言，开放社会难以实现的主因，是因为理念与实践的差别。理念是很好的没错，但一旦实践在生活中，许多人的情绪会因此被操控，以至于在判断中充满了主观性，忽略了理念中所追求的客观真理。实现开放社会的前提，是要能够坚信客观真理的存在，并以此信念为基础，将理念的内容与行动的结果结合在一起。因此，这就牵涉索罗斯的第二项人格特质，也就是他不但天性偏向抽象思考，而且以论证客观真理为思考的方向。索罗斯有异于常人的兴趣，并将生平大部分的心思花在抽象的理念上。即使是专业的哲学家，在阅读索罗斯解释反身性理论的文章时，都会感觉到他并非附庸风雅，而是真心想要说清楚、讲明白这些哲学理念。根据索罗斯自己的说法，他对哲学的兴趣来自本性，因为他认为思考抽象理念是为了支持客观世界的存在价值，而不是为了肯定个人的主观信念。

思考抽象理念与胡思乱想不同，差别的关键就是思考的目的。思考抽象理念是为了进步，而胡思乱想则以彰显个人的主观价值为主，无所谓进步与否。这两种不同的思考态度，决定了不同的人生观。索罗斯属于前者，因为他深信思考抽象理念就是为了确定客观真理，唯独如此，我们才能够在一个共同的基础上追求进步。这是很重要的，因为如果没有明确这个目的，那么思考本身就根本没有面对挑战的可能。为什么呢？

答案不难理解。在人人都具有独立思想的情况下，我们可以拥有个人思考，展示主观的想法。但我们面对的最大挑战，就是如何确定个人所展示的想法没有陷入各说各话的封闭状态。我们期待主观意见能够经由沟通逐步结合在一起，并以客观知识为诉求，展示在所有人的心目之中。当然，这很不容易，但我们不能放弃，因为如果依照个人主观的意见组成社会，共识将不复存在，人心必定大乱。

索罗斯特别针对这一点，表达其具有宗教意味的信念。他说："我坚持真理的客观面向是重要的，而这个坚持是我个人的信念。的确，这个信念与宗教信仰有令人好奇的相似性。我建构的客观真理中有许多'一神教'信仰和神具有的特征。例如，这是一个无所不在、无所不能的理念。即使能够让这个理念拥有发展的可能，理念本身依然是非常神秘的。"

索罗斯不讳言，对这个类似宗教理念的坚持，与他的童年记忆与家庭背景息息相关。在青年时期受教育期间，当他接受波普的可错论熏陶时，他更能深深体会到，如果完美的知识不存在，那么信念不但是我们需要的，甚至是我们必须拥有的。这个相信客观真理"虽不可得，但必然存在"的信念，在索罗斯的行事风格上起到了至为关键的作用。

许多人认为，从索罗斯操作市场的本领与个性看，他是一个只讲利益、不讲原则的人。事实上，如果仔细理解他对开放社会理念的坚持与赏识，我们可以发现结果正好相反。索罗斯总是能够坚持他的原则，有时连眼前利益都可以不顾。

当然，大多数人会认为，投资就是想赚钱，若不是以赚钱作为唯一的目标，那就赚不了钱；若是赚了钱，还说赚钱不是唯一目的，那就是伪善。很遗憾，在高调行善的这几年，"伪善"似乎如影随形地依附在索罗斯的名声当中。有趣的是，这项指责似乎并没有对他构成真正的困扰，索罗斯继续高谈阔论，高调地针对政经时势发表评论，甚至高调地回到市场找寻投资的标的。我们想理解：为什么一个投资人做这些自称为"行善”的事情时，能够理直气壮、侃侃而谈呢？

答案就在于索罗斯对经济活动与政治规则做出明确区分的理念。他说：“我们需要在经济与政治之间做区隔，参与市场与设定规则是两件完全不同功能的事情。市场准许参与者进行自由交易，在这里，参与者以牟利为主是正当的。相反，在制定与执行规则的情况中，参与者就应该以公共利益为考量，在这里，牟利是不对的。当人们企图将规则向自己利益的一方转动时，那么在参与政治的过程中就会出现贪污，让民主蒙羞，并使得社会无法朝开放社会发展。开放社会一直是大家期待的社会组织。”

从这一段话中我们可以看出，虽然索罗斯并非世界上最富有的人，但他极有可能是最愿意通过理念来花钱的人。基于对理念的爱好，索罗斯不但以抽象思维实现了擘画人生的目的，而且找到了比赚钱更有价值的事情。对理念的爱好，既让索罗斯活在抽象思维中，也体现了他在生活中的性格特征。那么，对一个如此以自我为中心的人而言，他是否还在乎自己的历史定位呢？

以自我为中心，追求历史定位

我们可以从索罗斯的行为模式中看出，他是一个极为自信的人，对别人的奉承或批评毫无兴趣。同时，他是一个很孤独的人，尤其在市场竞争中，他甚至对自己也会进行严厉的批判。奇怪的是，索罗斯承认，在先前从事交易的岁月中，他对自己的形象并不会觉得很光荣。即使在这一行成为很成功的经理人，他也不因此感到骄傲。

那么，当索罗斯因为投资赚钱声名大噪后，他又是如何看待自己塑造的公众形象呢？还有，他毅然决然地为在全世界实现开放社会出钱出力时，他又是如何看待这个大众面前的“他”呢？这个“他”与索罗斯本人之间处于一种什么关系呢？

索罗斯曾经说过，面对自己的公众形象是一个很特别的体验。因为这两个自我都是“他”，一个是他的公共形象，另一个是他的自我感觉。虽然后者是根本，但前者对他本人也产生了实际的影响。有的时候，这两个自我会处于对话的状态。在对话过程中，那个私下的自我还会因为公众的形象变得更快乐、更和谐与更满足。

索罗斯对自己的公众形象是很满意的，那么他对他人的看法，甚至他在历史中的定位会在乎吗？他很自信地认为，在作为金融投资者与开放社会推动者这两方面，他在历史上是成功的，会有一定的地位。但他觉得这样还不够，因为他的理念还不足以成功到能够流芳百世。索罗斯很在意这一点，因为偏爱理念的他，会觉得如果他能够因为理念（而非财富）获得历史定位的话，那么这对他一生的努力而言是最重要的回馈。

由于想要争取这个回馈，所以索罗斯经常显露出忐忑不安的心情，并且不断地自忖，他有没有可能重新组合他穷毕生之力想要说明的这些理念。这也是为什么在索罗斯所有的著作中，他一直阐述与修正他的理念。我们可以理解，如果有可能，索罗斯希望以最明了的方式，让外界理解他在做什么。索罗斯也很想知道，这些对他而言很有意义的理念，对别人来说有没有意义。有趣的是，这个问题居然是他最在意，也最令他感到不安的问题。

同样的理念曾经帮他赚了大钱，也让他捐了大钱，但他更想知道这些理念是只对他一个人有用，还是对所有人都有用。对这个问题，索罗斯非常清楚，他的确是一个特例，因为他是先赚了钱，然后才有了实现公益理念的机会。他甚至认为，如果他一直坚持理想的话，那么他很可能就没有机会赚那么多的钱，反而会失去实现理念的机会。所以，索罗斯并不认为他的经验可以复制在其他人身上。

索罗斯以审慎、乐观的态度面对历史，并且将重点集中在实现开放社会上。即使在实现开放社会的过程中饱尝艰辛，惹人非议，索罗斯也在自己的意识中非常清楚地认定，必须坚持下去。他认为，即使坚持实现理念的理由并不非常清楚，而且常常遇到实践上的挫折，但这是一个像宗教信念一样的理念。有时候，虽然我们无法把宗教信念的实际效果说得很明白，但这个信念的强度是毋庸置疑的。索罗斯说："如果人们普遍认为，开放社会不是一个值得我们努力的目标的话，那么我们整体的系统将如何生存下去呢？这是一个全世界都要面对的问题，而我本人并没有答案。然而，我就困在这里，而且我相信，我们所有人都困在这里。"

说来有趣，这些表面上看起来至为悲观的话，其实充满了乐观的态度。因为这些话所说的，并不是面对人生的答案，而是坚持信念的态度。推行开放社会是索罗斯的信念，但这并不是一个宗教信念，而是一个具有宗教强度的信念。宗教强度不但让索罗斯对获得人生终极答案保持一种虔敬的态度，也展现了其“理想终会实现”的乐观精神。

结语

为什么我会认同索罗斯的哲学理念

本书虽命名为《财务自由新思维：索罗斯的投资哲学》，但其实我在投资方面着墨并不多，却在哲学部分谈论得比较深入。这也没错，因为我一直认为，哲学不但是一切思想的基础，也是深入人心的力量。这种力量，展现在索罗斯的人生中，促使他反省过去，展望未来。最重要的是，他的哲学能够回答我们关心的问题，尤其是那些对于人生至为关键的问题。

在本书的写作过程中，我一直不断思考这类问题，看看自诩为“失败哲学家”的索罗斯，有没有针对它们提出看法。这种关键问题看上去很多，也很复杂，但它们可以归纳为四大类问题：道德、教育、政治和宗教。对任何人而言，这四大类问题都是最关键的，索罗斯当然也不例外。我们甚至可以说，索罗斯正是用他的生命在回答这四方面的问题。至于投资，只能算是他用来回答这些问题的工具，并不是真正的重点。

我承认，在阅读索罗斯著作的过程中，我被他针对这几类问题所提供的答案说服了，同意他针对道德、教育、政治和宗教所论述的观点。这个事实让我觉得很愧疚，怀疑我自己是不是一个好的哲学家。好的哲学家懂得批判，会指出别人理念上的限制，思考犀利，如牛虻一般。我不但没这么做，还在字里行间里表现出对索罗斯的认同。这让我在结语中必须回答一个问题：为什么我会认同索罗斯的哲学理念？

坦率地说，我所认同的不是索罗斯的成就，更不是他赚钱的才华。我甚至认为，这些特殊的经验都是索罗斯个人的独到成就，没有被复制的可能性。我所认同的，是他针对道德、教育、政治和宗教所做的论述。索罗斯在针对人生中最重要的四大议题说出他个人的看法之外，还总是成功地将这些论述中的重点与他个人经历分离，然后以客观的态度论证这些重点。换句话说，索罗斯以具有说服力的方式说理，将主观意见转化为客观知识。我认同的是这个“理”，而不是这个“人”。

有关道德、教育、政治和宗教的问题，它们之所以深具哲学意义，并且与人生密切相关，是因为我们在面对它们时经常遭遇两难，往往莫衷一是，甚至持续地被这些问题纠缠。简单来说，我们需要深入地思考这些问题，才能够彰显人生的意义，而不至于流于形式。毕竟，人生是复杂的，唯独哲学式的反省才能够让我们做出恰当的判断。

首先，在道德领域，我们面对的两难是：做事情应该依照别人的规范，还是坚持个人的信念。听别人的意见行事，等于不思考，其结果是无法深知自己在做什么；若只听自己的意见行事，则无异于独行侠，冒着惊世骇俗的风险，可能违背社会规范。在本书中我们看到，关于是否应“投机赚钱”这个问题，索罗斯面对道德上的指责，人们质疑他未尽到社会责任。索罗斯很好地回答了这个问题，同时我们还能从他的答案中找到促进社会进步的观点，肯定自己的作为。

以自我为中心的索罗斯，借由说理的方式论证投机的行为，并不是不道德的。他从三个层面谈论这个问题。第一，市场中的投资人以牟利为主天经地义，因而寻找机会赚钱也无可厚非。第二，投资人能否找到投机的机会，以及决定要不要大赚一笔的判断，并不是道德责任的问题，而是规则设计的问题。第三，如果规则设计有问题，那么投机行为的存在就可以迫使掌权者更改规则，健全社会制度。我认同这三点，因为它们分别围绕市场、规则与社会进步进行论述，阐明道理，证实了市场中牟利的行为。

其次，在教育领域，我们面对的两难是：一方面，跟从老师学习理念，然后将理念内化成为自我体悟的知识；另一方面，批判老师的理念，然后从错误中学习，积累客观知识。在这种两难中，索罗斯采取综合的态度，先认定老师的理念为真。然后，他不断以批判的态度对这些理念进行说明，重新建构、持续修正。对索罗斯而言，他对波普提出的开放社会理念进行重建与批判，就是一个例子。

索罗斯初次接触开放社会理念时，立即本能地赏识开放社会，笃定地相信这种社会优于其他形态的社会。然而，他并没有停留于单纯地赏识，而是终其一生以批判的态度审视开放社会的内容。最后，他甚至承认，他并没有完全理解开放社会的涵义，但单就教育学习而言，这种接纳理念与批判理念相结合的方式，正是最佳的教育哲学。

再次，在政治领域，我们面对的两难是：一方面，我们应该适应政治传统，做奉公守法的公民；另一方面，我们应该坚持政治理想，无畏权势，做勇于建言的公民。面对这个问题，索罗斯很实际地将他在财经世界中赚得的名利，转换成其影响政治的基础。同时，他也以一贯的政治理想作为检验现实政治成败的标准。两者相互配合的结果，是他对美国社会由开放转向封闭的判断。

我坦言，认定美国社会向封闭社会发展是令人诧异的。在主观意识强烈的政治认同中，并没有多少人会接受索罗斯的判断。因此，2004 年，索罗斯斥资 50 亿美元反对小布什总统竞选连任，但最终并未成功，这并不令人诧异。无论如何，有一点非常重要，就是参与政治的前提必须是理想与现实并重。徒有理想，则不足以成事；只谈现实，则难免遭人怀疑是为了图谋私利。

索罗斯强调，他个人在富裕的条件下参与政治，让他能够在与权势对抗的同时，致力于实现自己长期思考的政治理想，即开放社会理念，并且在需要说服他人的时候，能够提供充分的理由。且不论这些理由是否能真正说服他人，在政治领域中，这种兼顾理想与现实的做法，确实符合政治哲学的基本要求。

最后，关于宗教这个层面。本书除了谈到索罗斯属于犹太族裔之外，完全没有提到任何其他特定的宗教。那么在索罗斯的哲学中，他哪一部分的宗教理念是我们应当认同的呢？答案很明显，就是我们对于“视之为真”的信念，尤其是这个信念应当具有的强度。然而，对于宗教信念，我们面对的两难是：一方面，我们必须捍卫信念的终极价值；另一方面，我们又需要避免因为捍卫信念而陷入死守教条的局面。那么，我们应该如何在坚持信念的同时，维持理性的态度呢？

在本书的叙述中，这是一个很重要的问题。索罗斯投资哲学的核心理念是可错论，但这个理论并不是要求我们否认一切为真，而是要求我们承认，我们宣称的知识有可能出错，必须加以修正。这样，我们才能够在进步中保持对知识的追求。简单来说，重点是追求进步，而不是全面否定。追求进步的必要条件是“求真”的方向，而只有“肯定客观真理存在”的信念，才能够让我们拥有这个方向感，持续地追求真理。

虽然肯定客观真理存在的信念是求真的必要条件，但我们没有证据证实这个信念为真；我们只能预设客观真理存在。索罗斯也承认，对他而言，“开放社会必然能够引领人类不断向前发展”这个信念，只能够用宗教信仰的方式作比喻。

所有的人都知道，宗教信念的价值，并不是让我们“无须思考”的终极价值，因为那样只会产生迷信与教条。拥有宗教信念的哲学涵义，在于让我们学会虔敬，尊重人在求知中的限制，也让我们相信：求知的意义就是求真，求真的过程就是批判与理性的结合。因此，索罗斯所谈的宗教比喻，并不是肯定哪一个超自然存在者，而是宣扬哲学中追求真理的信念。

这是索罗斯针对道德、教育、政治和宗教所表达的哲学道理，也可以说是本书中最重要的内容。然而，本书并不完全是一本论述哲学的书，毕竟索罗斯今天的成就来自他在投资事业上获得的成绩。这个成就不是一蹴而就的，也不是通过学习技巧与规则就可以指日可待的。本书无意也无法从指导投资这个角度引导读者。但是，我在本书中将索罗斯的一生及其成就分别依照胆识、知识、常识、见识、赏识与意识这六个面向所做的说明，旨在告诉大家：投资能力来自长期的培育，而其中关键的部分就是对哲学的掌握。这是读者需要自行体会的重点。

本书在截稿之际，正值唐纳德·特朗普（Donald Trump）当选美国第45任总统。特朗普在当选前，曾经以挑动情绪为诉求，强调美国传统文化中的保守主义，并且表明他将取消多项自由贸易协定，采取保护主义。这些言论在他当选之后，令许多支持自由与开放的人士大为不满。可以想见的是，穷毕生之力支持开放社会的索罗斯，绝不会在抗议特朗普的活动中缺席。的确，在美国大选后的抗议活动中，不断传出消息说，抗议团体的幕后支持者就是索罗斯。

我无法证实这个消息，但从本书中的内容来看，如果这个消息是真的，也不令人意外。让我惊讶的是，这个已经87岁高龄的亿万富翁，又要准备在余年施展才能，再度以行动对抗美国的主流价值观了。对于这一点，我不禁发自肺腑地感到：这真是一个充满活力的精彩人生！